人物叢書

新装版

横井小楠

よこいしょうなん

圭室諦成

日本歴史学会編集

吉川弘文館

横 井 小 楠 像

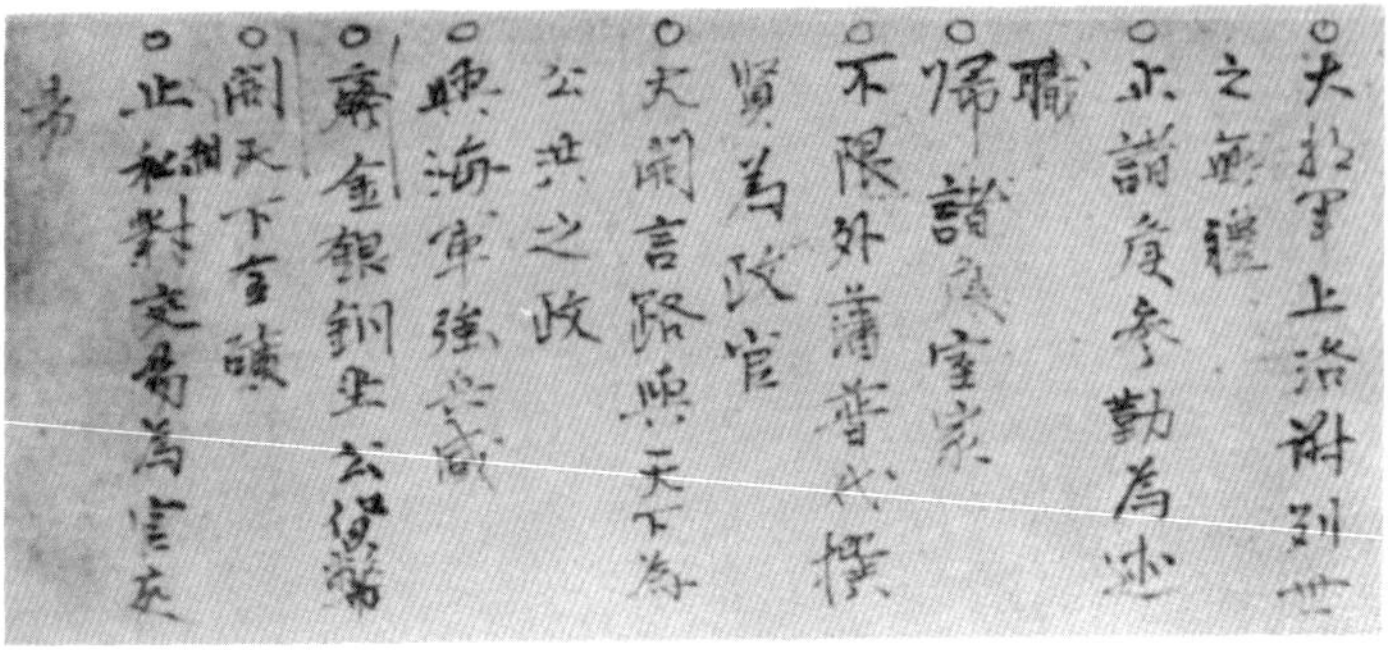

横井小楠筆蹟㈠

「国是七条」草稿 （本文 172 ページ参照）

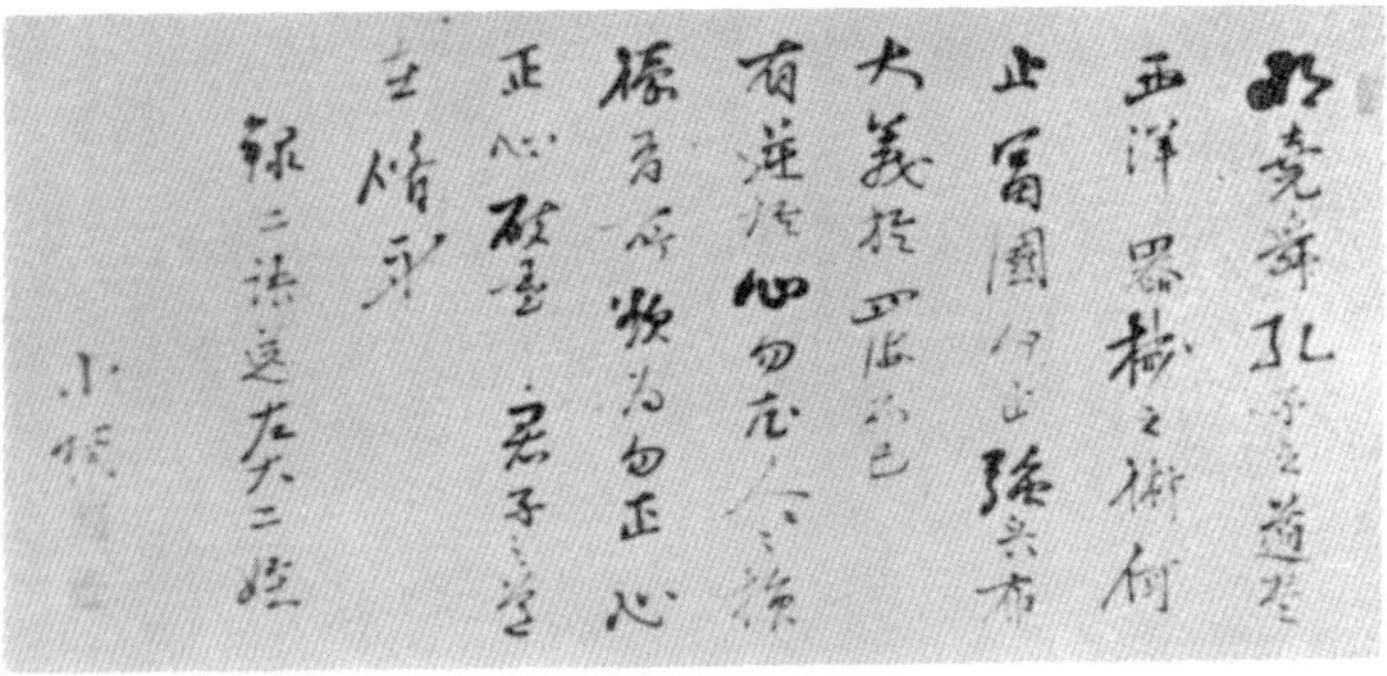

横井小楠筆蹟㈡

（慶応二年甥左平太・大平の渡米に際して送った送別の辞）

明二堯舜孔子之道一、
尽二西洋器械之術一、
何止二富国一、何止二強兵一、
布二大（かん）義於四海一而已（のみ）。
有レ逆（さからう）二於心一勿レ尤（とがむる）レ人、
尤レ人損レ徳、有レ所レ欲レ為
勿レ正レ心、正レ心破レ事、君
子之道在レ脩レ身。

録二二語一送二左大二姪一。

小楠

はじめに

横井小楠は、幕末維新の日本が生んだ最高の思想家・政治家である。幕末維新は嵐の時代であった。二百数十年のあいだ安易にあぐらをかきつづけてきた幕藩体制もいよいよ限界にきて、必然的に自壊作用がおこり、同時に体質改善が真剣に考えられはじめ、日本の社会は大きくゆれにゆれた。いっぽう国際政局の高波も日本だけを避けてはくれない。まさに日本歴史にとって最大の受難期であった。

流動する世界、変転きわまりない日本、こうした内外の危機に、世界史的視野に立って新しい日本の進むべき方向を明示したのは、じつに佐久間象山と、本書の主人公横井小楠であった。小楠の卓絶した思想の一端は、文久二年幕府に建言した『国是七条』のなかの、「諸侯の参勤を止めて述職となせ。大いに言路を開き、天下とともに公共の政をなせ」などに、よみとることができる。また小楠の高弟由利公正の草案になる「五箇条御誓文」に流れる傑出した思想は、小楠の思想の投影として理解することができる、と私は思うのである。

その識見は断然時流をぬくものであり、一貫して庶民の幸福を守る立場に立ち、しかも開国論を唱える小楠の思想は、頑迷に封建秩序を固執しようとする肥後藩庁主流派と、ことごとに対立するものであった。かくて黎明期日本が、最も小楠を必要とした維新直前の五年間、藩庁はかれに士道忘却の汚名をきせ、危険思想の持主であるとして、士席剝奪・知行召上げのうえ、一小寒村沼山津（ぬやまづ）に蟄居（ちっきょ）させたのである。なんたる無謀さであろう。

しかし明治新政府にとって、日本の現実をふまえ、しかも世界的視野をもつ最高の知嚢横井小楠は、絶対に必要だったのである。肥後藩庁は新政府の小楠召命をも妨害したが、岩倉具視の一喝にあって、小楠を士席に復し、その出仕を承諾せざるをえなかった。かくて明治元年四月、新政府の参与に召出された小楠は、岩倉の絶大な信頼をえて、はじめてそのすぐれた経綸を行なうこととなった。

明治一〇〇年を迎えようとしている。私はこれまでの維新史において過少評価され、熊本においては埋もれたまま発掘されようともしない、この偉大なる思想家・政治家小楠を、日本歴史の正しい位置に引戻さねばならぬと考えるものである。

昭和四十一年三月八日

圭室諦成

（遺稿）

目次

口絵

挿図

第一　青少年時代

一　生活の条件

小楠生まる

文化六年（一八〇九）八月十三日、小楠は熊本内坪井横井家（世禄百五十石）の次男として誕生した。父大平（時直）は穿鑿所目付で二七歳（数え年、以下同じ）、母は永嶺仁右衛門の長女かず子二二歳、祖母は五一歳で健在、兄左平太（時明）は三歳であった。

名と号の由来

小楠は幼名を又雄といい、名は時存、字は子操、通称平四郎、畏斎・小楠・沼山はその号である。実名と字は、『孟子』の「操る時は則ち存し、舎つる時は則ち亡す。出入時なく、その郷を知ることなきは、これ心の謂か」にとったもの。号の沼山はのちの住所沼山津によったものである。四〇歳ごろまで用いた畏斎は、

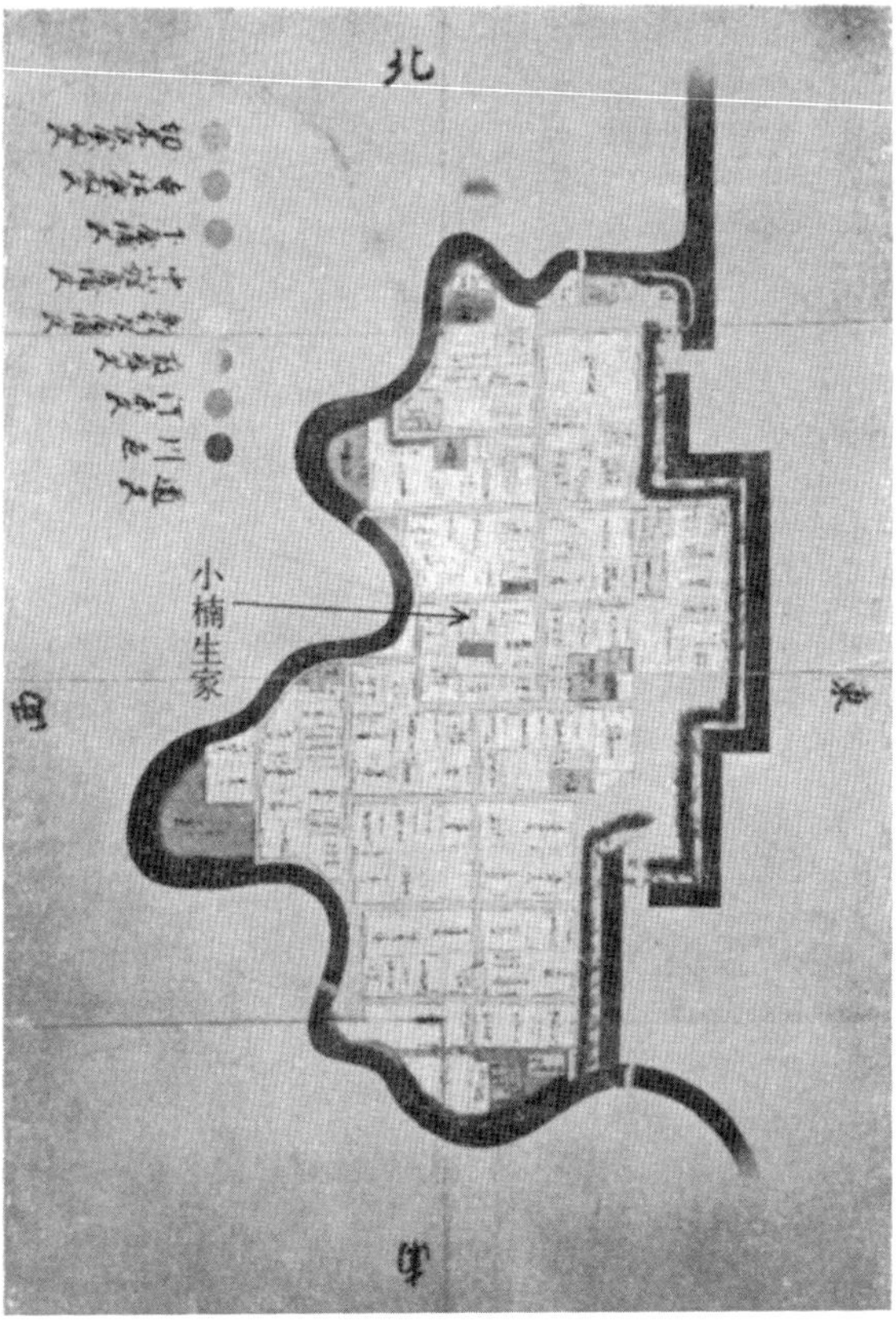

小楠生家のある絵図
（文化11年迄，内坪井之絵図，熊本県立図書館蔵）

孔子の言「君子に三畏あり、天命を畏れ、大人を畏れ、聖人の言を畏る」からつけたものであろう。号のうち沼山も相当しられているが、とくに小楠の号は実名や通称よりも有名である。その出典については二説があり、①弘化四年（一八四七）熊本相撲丁に家塾を開いたが、この町は楠丁と一とつづきで、小楠の家は楠丁に面していたので、その塾を小楠堂と名づけ、それを号にしたという説。②楠木正行に傾倒して、小楠と号したという説。そのことについて小楠はなにも書き残していないが、元田永孚の『小楠先生遺文後序』のなかに、「かつて楠正行の人となりを慕ひて、自ら小楠と号せり」とみえている。しかし現在のところ二説のいずれとも決しがたい。

生家の家計

まず世禄百五十石の横井家の経済状態をのぞいてみよう。収入は言うまでもなく知行米である。もともと肥後藩の知行には、旧故と新知の別があった。旧故とは、慶安二年（一六四九）以前からの知行取のことで、親の跡目をそのままつぐことのできる、いわゆる世襲禄(せしゅうろく)である。また新知とは、慶安三年以後に取り立てられた者で、父の勤務状態の良否と嗣子の才能とによって相続高が決められるものである。この制度は宝暦六年（一七五六）に定められ、新知の者が家督を相続する場合には、学問はもちろん武術も重視した。そして相続者でその家格に規定される武芸目録がそろわないと禄高を減らされたものである。また知行を与えられるのは一家一人で、ふつう嫡男にかぎられていた。次男以下は特殊の才能をみとめられないかぎり一生厄介もの、家計がよほど裕福でないかぎり妻帯もできなかった。それで次男以下は他家の養嗣子の口をねらったが、それとて武芸目録が相当そろわねば入婿(いりむこ)の資格はなかった。小楠の家は元禄十三年（一七〇〇）とり立てられた新知格であるから、兄時明にしても、武芸目録が所定数そろい、学問も相当でなければ、父の禄をそのまま相続することはできぬ。まして次男坊である小楠は、文武両道とも抜群でないかぎり、一生兄の厄介者という運命であった。

幸い小楠の家は、新知ながらも代々減禄もされず家督をついだが、家計は苦しかった。肥後藩における知行の実収入は、手取り二十石（知行百石について）以下のことが多く、ひどい年は十三石のこともあった。しかし、職務によっては役米料（やくまい）・足高（たしだか）などがつくが、その場合でも二百石取り以下の生活は惨めであった。小楠の父は文化十一年（一八一四）からは百五十石と足高五十石で、二百石の知行をとっていたが、奉行職だったので支出もまた多かった。

みじめな生活の条件

肥後藩の『文化十一年御知行取四百石以下一ケ年暮方大数見積しらべ帳』によると、二百石取りの実収は二十三石四斗にすぎず、せいぜい切りつめても一石一斗の赤字がでている。標準家族構成は九人、すなわち「二人、隠居夫婦。二人、自身夫婦。三人、子供。一人、下女。一人、小者。」で、標準支出の明細は、

標準支出明細

一、米七石九斗二升、九人分粮米一ケ年拾五石九斗のうち半方粟にて取続申すにして残り分。

一、銭四百九拾六匁、右半方分粟三拾壱俵代。
一、米七斗五升、味噌・醬油入用の大豆三俵代。
一、銭四拾八匁、右同入用の麦三俵代。
一、銭弐拾目、右塩置物・漬物等入用の塩四俵代。
一、銭四拾八匁、灯油一ケ月壱升づつにして一ケ年分。
一、銭弐百六拾目、よろづ小遣、一ケ月弐拾五匁づつ、節句まへ増し分とも。
一、銭拾五匁、漬物大根代。
一、銭弐拾五匁、焼炭一ケ年七俵代。
一、銭五拾目、薪一ケ年分山薪にて取り賄ひ買入れ分。
一、銭弐百目、暮(くれ)じまひ・医師・師家つけとどけ、その外よろづ払ひ方とも。
一、銭百三拾弐匁、下女一人給銀うは扶持とも。
一、銭四拾目、増し奉公給銀。

一、銭五拾目、小繕・垣まはりなど取りつくろひ入目。

合せて米八石七斗、銭壱貫三百八拾目、この米拾五石八斗七升。

米合せて弐拾四石五斗七升　　（密書輯録）

であった。家族の主食の米だけで十五石九斗、のこりの七石五斗で副食・薪炭・傭い人の給料その他いっさいの生活費をまかなわねばならぬ。そこで主食を米と粟半々にするとか、さらには家族のものが内職をするとかして、辛うじて家計を維持した。

政治に関心をもちはじめる

要するに俊秀小楠の将来には、灰色の人生しか約束されていない。しかし気性のはげしいかれは、訓詁（くんこ）・詩文に逃避することはできなかった。かくてかれは〝いかに生くべきか〟の問題と真剣にとりくみ、現実の政治にたいして深い関心をもちはじめた。そして水戸学・陽明学などの文献をむさぼり読んだ。ところでかれの政治にたいする興味は、一三歳ごろにはすでにかなり高いものになっていたようである。一三歳になった秋の一日、一つ歳うえの学友下津久馬（のち久也）と騎射場のかえりみち、たがいに時事を談じて、他日ともに国事の振興に当ろうと堅く約束したという。

それでは、小楠が関心をもたずにいられなかった肥後藩の政治とは、いったいどんなものであったか、そして政治の歪曲（わいきょく）を規正すべき肥後藩の儒学は、どんな状態にあったか、さらに搾取・歪曲・弾圧のなかで、庶民の幸福を守ろうとする良識はいかに生きつづけていたか、を考えてみよう。

二　藩政の推移

肥後藩の政治

藩主は庶民の生活を守るために存在している筈である。しかし現実には多くの藩主は、一方的に庶民に犠牲を強い、そうすることによって、高い生活水準を保持することに専念していた。肥後藩の場合もまた決してその例外ではなかった。

そこでまず初代細川忠利（一六三二年就任）・二代光尚（一六四一年同）以下の時代についてみてみよう。肥後藩の現高は七十五万石（軍役高五十四万石）、このうち藩庫に収納するいわゆる御蔵納の高は約四十四万石、それからの貢租は少なくとも二十万石前後あったとみていい。それによって熊本藩庁および江戸藩邸の諸経費、下級武士の切米・扶持米、参勤交代の費用、幕府の作事手伝いなどを賄っていた。

忠利の政治

忠利は、幕府の命令一下ただちに数万の武士を一〇年間藩外に駐屯させるにたる経済力をつくりだすことを、その目標にしていたという。そのために天主銀という名目で、城内の天守閣に軍用金を貯えていた。このような莫大な軍用金を捻出する方法としてまず考えられるのは、農民を苛斂誅求することであるが、当時それは限度まできていた。つぎは武士の知行を減らすことである。しかし彼は永い戦場経験を通して、平素十分の手当をしておかねば非常の場合武士がやくに立たぬことを知っていた。とすれば、藩主および側近の生活を切りつめることしかない。かれは忠実にそれを実行にうつした。そのため東海道の宿駅では、肥後藩はけちん坊で評判をとったほどであった。

三代綱利

それが三代綱利（一六五〇年就任）の代になると、泰平がつづいたため江戸藩邸や藩主一族の生活は華美をきわめ、それとともに藩財政の体系はくずれてしまった。軍用金はつかい果たしたが、百姓をこれ以上誅求することは危険である、背に腹はかえられず藩士の給与引き下げをはじめた。その方法は、それまで藩士に知行として与えていた土地を藩庁の管理にうつすことによって、さやをかせごうというのである。延宝八年（一六八〇）これを実施したが、反対がつよくわずか四年でまた藩士にかえした。そして、そのかわりとして知行高の二分ないし五分の上げ米を命じたが、その程度で財政の破綻をふせぎとめうるものではなく、正徳三年（一七一三）ついに藩士の反対をおし切って、知行地を引きあげ、手取米渡しに切りかえた。

四代宣紀

四代宣紀（一七一二年就任）が藩主になったときには、財政状態はかなり悪化して、江戸の借金だけでも三十七–八万両に達していた。貸主から幕府に訴えられたので、六ヵ年で返済する構想をたてて幕府に仲介をたのんだが、それさえすげなく却下された。

藩士の減俸

かくて非常手段として藩士の減俸である。高百石につき手取り米役付は十五石、無役二十二石、切米取は十石につき八石五斗とした。江戸初期にくらべると藩士の手取りは二分の一ないし三分の一に切りさげられたわけである。言いかえれば、藩財政は藩士の減俸によって辛うじて破綻から守られたのである。

凶作つづく

そのあとを受けたのが五代宗孝（一七三二年就任）であるが、就任の享保十七年は大凶作で、平均税率は御蔵納一割七分六厘・御給知一割一分一厘であった。その後も天候不順の凶年つづきで、下免の年がつづいた。こうしたとき幕府の利根川普請手伝い約十五万両（米にして十八万石）の臨時支出、まことに多事多難であった。

藩民塗炭の苦しみ

凶作・手伝いは、いわば不可抗力であるが、藩主とその側近がこのような非常事態に処する能力と誠意をかいたために、藩民は塗炭の苦しみにおち入ったので

藩主一族の濫費

ある。即ち、藩主の結婚費用三千貫目（米にして六万石）・江戸藩邸の新築費同じく三千貫目・藩主の乗船波奈之丸（なみなしまる）の建造費三百貫目・その他姉妹たちの結婚費用・兄弟たちの分料など、湯水のように浪費されている。そしてそのしわよせは百姓である。凶作につぐ凶作で葛根（くずね）・すみらの根で辛うじて露命をつないでいる彼らに、反別二升の御初穂米（おはつおまい）の加徴である。しかしそれはまだしも、延享二年（一七四五）には妹たちの江戸のぼりの費用・巡見使の接待費・扶持増額のための費用を捻出するため銀札五千貫目（米にして十万石）を発行した。正貨準備なしの濫発、はじめから経済の混乱はわかっていての暴挙である。犠牲者は結局小百姓で、餓死者が続出した。財政責任者である国武弾助を、百姓は「国武の毒茸（どくたけ）」と悪罵した。

正貨準備なしの銀札発行

一八世紀前半における肥後藩の政治は乱脈の極に達していた。収入三十四－五万石にたいして支出は四十二－三万石、差引き赤字七－八万石という年がつづいた。さすがの大坂商人もあきれはてて取りあわず、そのため金融のみちはとだえ、参勤交代や江戸藩邸の必要経費のやりくりさえつかなくなった。一方、藩士にたいする知行米・切米・扶持米も遅配・欠配がち、粟や大豆を少量ずつ配給してわずかに糊塗していた。こうしたとき藩主になったのが六代重賢（一七四七年就任）である。かれは堀平太左衛門勝名を家老に起用して、政治の改革を一任した。勝名はまず天下の台所大坂に飛んだ。そして御用商人から、貢租を担保に往来御用銀五百貫目・月並御用銀三千六十四貫目を引きだすことに成功した。つぎには江戸藩邸の支出を引きしめた。御用人としてのかれの経験と信用とが、この難事を支障なくやりとげさせたのである。

細川重賢

宝暦の仕法

応急措置が一段落したところで、精神・物質の両面から、政治の立てなおしにとりかかった。まず封建道徳を確立するため忠義・孝行の者を表彰し、九〇歳以上の者には米銭を与えた。つぎに封建秩序を正すために、階級的服制・階級的書箇式などを定めた。財政の原則は、入るをはかって出ずるを制するにある。そこで検地を強行して隠し田を摘発するいっぽう、四割六分という最高の税率による受免(うけめん)制の実施を計画した。しかし受免制は、農民のつよい反対にあって挫折している。とにかくこうした方法によって藩財政は一応好転し、藩士の手取米も百石高二十石まで引きあげたが、明和のはじめにはこの均衡もやぶれた。ちょっと油断すると、財政はすぐふくれあがるものである。収入三十四―五万石にたいして支出三十九万五千石、差し引き五万石の赤字である。かくて再び荒療治が必要となった。いわゆる明和の仕法である。このときは格別省略と藩士の十三石手取りであった。

宝暦の仕法、明和・安永の仕法によって三十万石にまで圧縮された財政は、斉茲(なりしげ)(一七八七年就任)のときにはまた悪化し、享和二年(一八〇二)には早くも四十六万石の幅にふくれてしまった。むろん非常の物入りもつづいたが、藩主側近の浪費、藩士の二十石手取り、役人心附け五割増しが大きくひびいている。そしてこの漸増する支出を、御銀所預と御蔵歩入米でなんとか糊塗していたが、享和二年には御銀所預一万五千貫目・御蔵歩入米十二万石余の高に達した。いずれも現米・現銭準備なしのやりくりだったため、ついに取りつけ騒ぎがおこり、家中・町在ともに数百人が御銀所におしかけ、ついに廻役がかけつけて棒切れをふりまわし、ようやく退散させたという。いわゆる御銀所預騒動である。そしてこのさわぎのために、庶民の生活がますます苦しくなったことは言うまでもない。

御銀所預騒動

享和の改革

こうした財政危機に直面して、藩は改革を断行せざるをえなかった。まず収入を増す方法として、①受免制を実施した。前三〇ヵ年の豊凶平均三割八分を税率とさだめ、ほかに三万石の上げ米と、不作のときの償いとしての二歩米を上納させた。実質的な増税である。しかし苛斂誅求にあえいでいる百姓に、担税の余力はなく、翌三年には上げ米を二万石、償い米を一歩半米に引き下げざるをえなかった。②御赦免開に反懸米を賦課した。③町中御才覚銭つまり町在の富豪から寸志をあつめた。いっぽう出ずるを制する策として、藩主側近の生活費を削減し、藩士手取米を十七石に引き下げた。そしてこうした方法によってえた米銭によって、御銀所預を焼きすて、歩入米をたたみおくことを同時に断行した。いわゆる享和の改革である。

御用船七十五艘

ついで文化七年（一八一〇）藩主となった斉樹は、安永の三十五万石の幅にかえすことを計画、まずその手はじめとして、参勤交代の費用を削減することを考えた。安永に四十五艘だった使用船が、当時七十五艘に激増しているのを、もとの四十五艘に圧縮しようと努力し、支障をのりきって辛うじて五十五艘に減じた。しかし翌年には六十余艘、翌々年にはまたも七十艘にもどってしまった。万事がこの調子、いったん膨張した財政をもとに戻すことは容易なわざではない。とにかく倹約を叫びつづけて、しかもなお文政九年（一八二六）の支出幅は、四十五万五千四百石にふくれあがってしまった。

そのごも倹約令につぐ倹約令をもってして、天保三年（一八三二）には四十万二千石、同九年には四十一万五千石にふくれている。支出の幅は年々増加の一途である。しかし貢租の絶対量はうごかぬ。かくて不足をおぎなう方法として、貨殖と産物による増収をはかった。文政九年（一八二六）の高森歩入所（ぶいりどころ）、ついで宮原歩入所・鶴崎歩入所の設置、さらに天保元年（一八三〇）の産物方（さんぶつかた）の開設は、こうした意図のあらわれである。

藩財政逼迫

要するに藩の財政は、一七世紀・一八世紀・一九世紀と時代が下るにつれて悪化した。それは社会経済の推移に説明のかぎを見いだすことができるが、直接的にいえば、①参勤交代にともなう支出の増加、②江戸藩邸の設置による経費の膨張、③藩主とその一族の濫費による負担の激増、とくに③の影響が多かった。そしてそれは幕藩体制が内包するもの、すなわちそこには大名とその一族の浪費をチェックする機構はまったくなかったのである。

かくて肥後藩の場合、天保九年には収入三十五万石にたいして支出四十一万五千石、差引き六万五千石の不足である。この不足をカバーする方法は結局、①手をかえ品をかえ農民を苛斂誅求すること、②藩士の給与を規定の三分の一・四分の一に引き下げることであった。しかし一八世紀ともなると、それだけでは財政の赤字は埋めきれず、藩庁と藩主は競って不換紙弊を乱発して高利貸しをおこない、さらに専売制を実施した。そのため、生産農民と下級武士は二重・三重の苛斂誅求にあえぎ、餓死寸前の状態にたたきこまれた。それはまた、単に肥後だけのことではない。ために一九世紀に入ると、日本の社会は大きく動揺しはじめる。

小楠誕生のころの社会情勢

小楠はそうした時代に、下級武士の次男坊として誕生した。政治のありかたに批判的ならざるを得なかったわけである。

三　藩学の動向

儒者の役割

幕藩という独裁者的政治体制には、民主主義の理念に立って庶民の幸福をまもる儒学者という批判的助言者が必要である。しかし多くの俗物的儒者は、そうした社会的役割をわすれて、生活のために藩主の幇間化した。またそれほどでなくとも、気のよわい良心的な儒者たちは、詩文の世界に逃避した。そうした情勢下において藩主は積極的に儒者を幇間・逃避者として飼育し、そうすることによって、苛斂誅求を批判する邪魔ものを沈黙させ、すすんでは苛斂誅求の協力者に仕立てあげた。

肥後の学風

肥後藩主は徳川家とはもっとも近い関係にあったので、すでに藩校時習館の創立（宝暦五年、一七五五）以前から、林家の流れをくむ学者だけを招聘して藩主の侍講とし、藩内にその学風を移植した。寛文ごろから明治維新までを五期にわけて、藩における儒学の傾向をみてみよう。

黎明期

まず第一期（黎明時代、寛文（一六六一〜）から享保までの約五〇年）にさかんになったのは陽明学で、北島雪山（一六三六〜九七）がその中心人物であった。寛文九年熊本で陽明学が禁止されて雪山が去ると、ふたたび林家の朱子学が熊本を風靡した。その代表的人物は佐藤竹塢・林三陽・熊谷竹堂の三人である。

勃興期

第二期（勃興時代、享保（一七一六〜）のはじめから延享の末まで約三〇年）にあらわれた大塚退野・藪慎庵は、ともに山崎闇斎派にちかい朱子学者で、林家の学風に批判的であった。当時江戸で荻生徂徠の学が流行していたが、肥後藩でも住江滄浪によって徂徠の学風もさかんであった。また水足屛山は山崎系の朱子学者であったが、その子博泉は徂徠の学風をうけてそれに私淑した。

詩文中心期

第三期（詩文中心時代、延享（一七四四〜）の末から明和のはじめまで約二三年）の代表的学者は、秋山玉山と片岡朱陵である。玉山は林鳳岡の門に学び藩主宗孝（五代）の侍講となったが、ついで重賢が藩主になると深くその知遇をえ、時習館の創立にあたっては重要な役割をはたし、教授となって学則を制定した。かれは文学者としてすぐれていたので、その門流には経学よりも詞章をよくする者が多かった。いっぽう大塚退野は山崎派の朱子学者で、経学を主とし詩文を軽視したので、玉山と意見が対立し、時習館創設にさき立って、玉名に引きこもってしまった。

伝註中心期

第四期（伝註中心時代、明和（一七六四〜）のはじめから文化の末まで約五〇年）。その代表的学者に藪孤山がある。かれは父慎庵の学系をつぎ、玉山のあとをうけて第二代時習館教授になると、従来の学則を変更して退野・慎庵の学風を鼓吹すべきであるという声明書をだしたが、結局それは実功をみるに至らなかった。時習館の朱子学は、宋儒の伝註を尊重するあまり、文句の詮索だけにこだわり、その特長である実学はまったく忘れられていた。こうした傾向は、藪孤山以後とくに著しい。当時の狂歌に、「けしつぶの中くりほぎて館たて、ひと間ひと間に細註を読む」、「時習館きうり（窮理）かずらのはびこりて、十三経のおきどころなし」というのがある。つまり専ら宋儒の経解をもちい、十三経などは誰ひとり研究するものもなく、諸子百家にいたっては異端として排斥されたことを皮肉ったものである。

現実遊離期

第五期（現実遊離時代、文化（一八〇四〜）の末から明治維新まで）。このころの時習館教授は、辛島塩井（えんせい）・近藤淡泉・片山豊嶼（ほうしょ）であったが、とくに天保ごろからは訓詁（くんこ）的・詞章的となり、朱子学の本領である実践躬行は影がうすくなった。

異学の禁

要するに肥後藩においては幕藩制の確立期である寛文年間に、現実の政治を批判する陽明学を排除し、それに代わるに権力の幇間と化した林家の朱子学をもってした。ついで朱子学のなかでも政治思想を重視する大塚退野の学統を、藩学の主流から遠ざけている。異学の禁は、眼にみえぬかたちで進行し、藩学は訓詁と詩文、迎合と逃避を主とする林家の朱子学となった。細川重賢の時習館創設もまた、そうした路線から逸脱するものではなかった。そしてかれはその意図するように儒学を歪曲（わいきょく）し、儒者を去勢して、生産農民と下級武士に犠牲をしいる宝暦の改革を断行したのである。去勢された儒者たちは細川重賢を名君といい、堀平太左衛門勝名を名宰相として礼讃した。一犬虚にほえて万犬これにならう。諸藩の儒者もこれに雷同した。しかし同じ時代にあってその反庶民性をついた学者がいた。天明三年（一七八三）山伏に身をやつして肥後領内を潜行した岡山の学者古河古松軒（こしょうけん）である。かれは、「他国の評ばんには、当国の守（かみ）は賢君にて経済役堀平太左衛門といへるは良臣のやうに聞きはべりしに、阿蘇郡のもやう民家数人飢渇し、死におよぶまですくひ給はざりしは如何のことにや。虚説もあらんかと委しくたづね聞きしに、熊本へ出て乞食（こつじき）せんとて、老たるもおさなきもうちつれ出し、みち〳〵にても道路に倒れふして死せしことのありしに違ひなき実事なり。予もここにおいて疑惑し、仁政はなかりしものと思ひき。卑賤の身としてかく記しおくは高貴を誹謗するおそれありといへども、実事をききて記せざるもへつらふに似たれば、わずかにしるすならし」（『西遊雑記』）と直言している。

藩政に対する学者の批判

四　良識の系譜

藩主一族の奢侈

藩主一族の奢侈、それが藩財政の収支のバランスをくずし、そして庶民生活を餓死寸前の状態にまで追いこんだ最大の原因である。しかしそうした横暴をチェックするものは、機構的にはなんら準備されてはいない。ただ学問の面においてそれを阻止するのが儒教の民本主義である。しかし去勢され幇間化された儒者にそれは望むべくもない。とすれば、それをチェックするものは生産農民による百姓一揆か、都市住民を中核とする打ちこわし、または下級武士によるクーデター以外に方法はない。警察・監察の網をはりめぐらし、苛酷な刑罰をもって、庶民の心理をつねに恐怖と不安の状態におくことに努めている僻地の大藩において、そうしたことを計画しても成功する可能性はとぼしかった。にもかかわらず、庶民の幸福をまもる悲願に生きぬいた人々はいた。かつてお国自慢的郷土史家たち

百姓一揆

によって、百姓一揆は絶無であったとされた肥後藩においても、しばしば一揆は起っている。が、その史料は抹消されているので、今日において事件の真相を明らかにすることは容易でない。そこで視角をかえて、記録をのこしている学者を中心に、良識の系譜を点描（てんびょう）してみることにする。

『吉村文右衛門上書』

まず『吉村文右衛門上書（じょうしょ）』。文右衛門は延享二年（一七四五）六月二十一日、悲痛な決意をもって藩主に文書を提出した。そのなかに農民の生活がいかに悲惨なものであるか、そしてなぜそうなったかを克明にえがいている。おそらくかれの知人であろう役人の言、「いかほど下方（したかた）迷惑におよび候とも、太守様の御ためにさへよく御座候へば、つかへは御座なく候。よく思ひみたまへ。太守様がたいせつに御座候か、下方がたいせつに御座候か。太守様にはかへられじ」を評して、「これ

聚歛の臣

聚斂（しゅうれん）の臣にて御座候。御国安からずして、諸民死亡におよび申し候ても、御ためと申すべきや」ときめつけている。かれは役人を二つにわけて、聚斂の臣と盗臣

であるとし、盗臣とは私腹をこやすに汲々たる輩であるという。そして聚斂のための責め道具が荒垣・質部屋であるが、悪事をはたらいたのではなく、凶作で年貢の納まらぬ善良な百姓をしばりあげて、身の毛もよだつような刑罰を加えている藩政を、口をきわめて非難している。

苛斂誅求

苛斂誅求によって農民は家を売り屋敷をはらい、田畑をかえして家族のこらず奉公にでる、また非人に転落するものも少なくなかった。当時非人のための施行（せぎょう）が、あちこちの町人や寺院の手でおこなわれていたが、五千人・六千人もあつまったという。『吉村文右衛門上書』は、享保前後においてさえ、農民を餓死させたものは凶作という天災ではなく、愚昧（ぐまい）な藩主と側近の佞臣（ねいしん）たちであることを示してくれる。

『民草ぶり』

つぎに『民草（たみくさ）ぶり』。著者伊形庄助（一七四五〜八七、五人扶持十五石）は玉名郡木葉の百姓の息子、その非凡な才能を見こまれて京都に留学、帰国すると時習館の教官に

抜擢された。しかし武士とまじわることを好まず、城北三里の岩野山のふもとに

農民の苦渋を歌う

草庵をむすんで畑をたがやし薪をとり、百姓の生活をつづけながら封建農民の苦渋を歌いあげためずらしい歌人である。そのなかに、「七種と人にはいひても野のひるや、よもぎあざみもつくしてぞ摘む」というのがある。それには詳しいはしがきがついているが、それによると、くずねと野草は凶作の年には大部分の農民の、そうでない年でも下層百姓は十二月から六月まで約半年のあいだ露命をつなぐ食料としていた。苛斂誅求によって骨の髄までしゃぶりつくされた百姓の生活は、それほどまでに貧しかったのである。『民草ぶり』の著者は、やるせない

七草の行事

百姓の不満を七草の歌で表現した。もともと七草の行事は貴族からはじまったもので、かれらの日常生活はぜいたくの限りをつくし、「酒肴にもあき給ふものゆえ、御身はいとう肥えふとらせ給ふて、御はらわたもただれくちなんとし給ふ」ほどだったので病気にかかりやすい。そのために七草という菜食行事をおりこむ

必要があったのだという。それではなぜ農民が七草を待ったのか。主食の不足というより、むしろ野菜を主としていた貧農も、せめて正月松の内ぐらいは世間躰もある、はばかることなく野草の摘める正月七日は、かれらにとって地獄の釜のふたのあく日であった。七草などというお上品なものではない、野びる・よもぎ・あざみなど、手あたり次第につみとってくる飢えた農婦の姿を、彷彿することができる。

『仁助咄』

『仁助咄』（『嘗難農話』ともいう）。著者は灑松軒主人とあるだけで匿名で記され、内緒に伝写されていたので実名を詳かにしえないが、矢部町猿渡の百姓渡辺某、矢部町の医者渡辺質、家老兼大奉行島田嘉津次（一七五五〜一八一九）、時習館塾長で『井田衍義』（三五巻）の編者中山市之進（一七六二〜一八一五）などの諸説がある。中山市之進（二百五十石）あたりであろうか。著作年代も未詳であるが、その内容から文化九年（一八一二）ごろとする一説がある。苛斂誅求にあえぐ百姓の生活を描写した文学的作品で、仁助というまじめな百姓を主人公とし、士平・作助・儀助という三人を加えて、みじめな生活を語らせ、それに村医者の智伯というインテリをそえて、藩政にたいするするどい批判を加えている。また、真宗・山伏の生態にたいする分析も手きびしい。

『官職制度考』

『官職制度考』。著者は奉行所根取垣塚文兵衛（〜一八〇六、御擬作百石）。かれは剛直の士で、藩庁の思惑もかえりみず事実を卒直に記している。宝暦の改革を評して、「宝暦八年（一七五八）に地引合といふことはじまり、明和の中年にをはる。これにて免方の法あらたまりて、細密詳悉つくさざるなし。民間の余沢このときに渇す。また安永三年（一七七四）に免方潤色といふことありて、斂法また改まりて、民食したがつて耗す」としている。宝暦の地引合・安永の免方潤色、ともに名君と喧伝された細川重賢の施策である。

民食耗す

藩庁主脳部の苛斂誅求が激化するとともに、搾取される百姓・町人の反抗もしだいに表面化してくる。いっぽう支配するがわにおいても良心的な分子は、人間の立場にたって真剣に政治の本質について考えはじめた。上述の四例にみる政治批判の辛辣さによっても、そのことは充分推測できる。一九世紀に入るとそうした傾向は一層顕著になり、心ある青年たちは訓詁・詩文にあきたらず、良識の系譜をついで陽明学・水戸学などの政治思想書を読みあさった。そうした環境において、俊敏な小楠はかぞえ歳わずか一三にして、経世済民のことに生涯をささげようと決意したのである。

一三歳にして経世済民を決意

五　藩校の生活

時習館入学

文政元年（一八一八）ごろ小楠（一〇歳）は時習館に入学したようである。少年時代の小楠については記録がのこっていないので、そのころの肥後藩における教育機関の組織・規定および文武の修業状況などによっての想像である。これよりさき宝暦四年（一七五四）藩主重賢は、熊本城内二の丸に文武の講習所として、時習館（講文所）と東西両榭（講武場）を創設した。時習館の教授・助教・訓導・句読師・習書師には当時一流の儒者を採用し、東西両榭には諸武芸の師範数十名をおいて、藩士の子弟に文武の道を学ばせた。

学科

時習館の学科は、漢学・習字・故実・礼式・数学・音楽で、このうち漢学は素読・会話・詩文・復講・背講・独看であった。まず句読斎・習書斎において読書・習字の練習をさせ、これを終えると蒙養斎にすすみ、さらに試験に合格すれば講堂に出席して高等の学科を学ぶことができる。そして講堂生のうち、前途有望の

居寮生

秀才と門閥の子弟約二十五名を選抜して居寮生とし、藩費をもって館中に寄宿させた。そこを菁莪斎という。一〇歳前後で句読斎・習書斎に入学し、一五－六歳で蒙養斎にすすみ、一八歳までに講堂にのぼるのが普通で、その後の在学年数はかぎられていなかった。居寮生に選ばれるのはたいてい二〇歳以上で、在寮期間

は三年、しかし不行跡のないかぎり何回でもつづけることができた。また下級生は時習館で勉強するかたわら、地区別に藩から任命された句読師や習書師の自宅に毎日通学した。

東西両榭

東西両榭では武術を稽古したが、各自希望する師範に入門することを許された。時習館の授業は一日・十五日の定休日のほかは毎日。両榭の稽古日は月に何回ときめられ、昼榭と夕榭にわかれており、初心者は昼榭、上達したものは夕榭であった。また稽古日以外も、放課後は師範の道場にかよって武芸にはげんだ。藩士の子弟は、みな時習館およびその両榭に入学したものである。したがって小楠もまた一〇歳前後に時習館に入学し、一四－五歳から入榭して文武の道に精進したと考えられる。

六　郷党連の生活

時習館および東西両榭は藩が設けた教育機関であるが、城下の家中町には一七―八歳以下の少年の文武芸上達のために、郷党連が十一―二ヵ所組織され、おのおのその地名をとって例えば坪井連・水道町連などと命名されていた。各郷党連の少年たちは、時習館の休日には『論語』の会読をしたあと、文武修行の勤惰や品行などについて批判しあい、素行のわるい者には罰を加え、改悛の情がない者は絶交するというように、規律はなかなかきびしかった。

郷党連

ところで郷党連にはそうした功の一面、また罪の反面があった。各郷党連は他の郷党連と互いに敵視し、わずかのことから口論をはじめるという悪習があり、時習館への通学途中でも喧嘩のたえまがなかった。そして自党連のものが殴打や侮辱されると、すぐまた復讐した。その場合、抜刀さえしなければたとえ相手を傷つけても、裁決は時習館の教官にまかせられたが、抜刀すればもはや教官のはからいでは済まされず、やるだけやって自分は割腹という掟で、少年といえども

他連と反目

容赦はされなかった。

『寓館雑志』

党争の禍

小楠は、時習館の居寮長だったとき記した『寓館雑志』のなかに、「五月念一日（二十一日）、崎村某、竹居某を刃して死せしむ。これよりさき辛卯の歳（天保三年）に井沢某のこととあり、みな丱角（あげまき）の童子、紛争をもって殺刃におよべり」と、郷党連の反目が少年たちまで惨事にまきこんだことを痛歎している。小楠は、朋党・敵討ちを美風だとする熊本の気風が承服できなかったのである。そしてこうしたにがい経験が、後年かれをして党

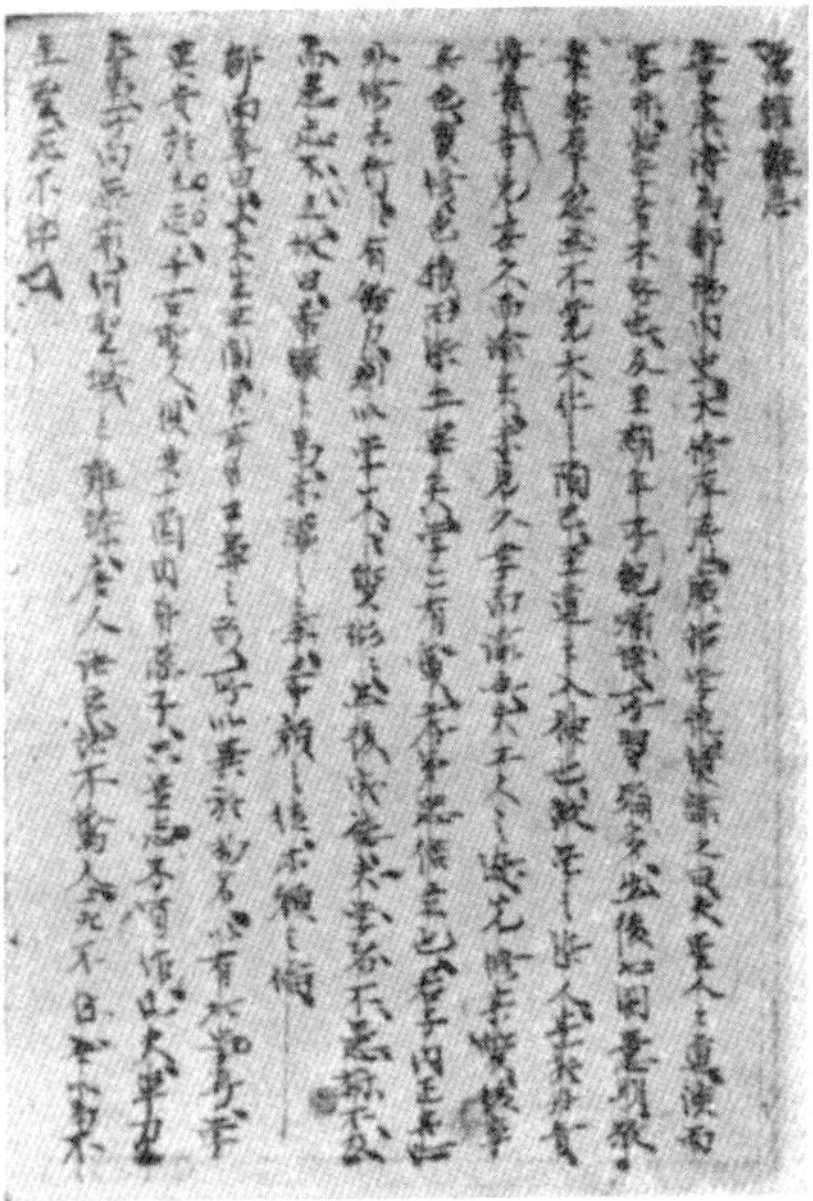

『寓館雑志』（時習館居寮長時代）

争の禍をとりのぞくことに腐心させたのである。

七　塾長として

父死亡

天保二年（一八三一）七月四日、父時直が死亡した。当時父は、火廻ならびに盗賊改・普請作事頭兼帯という役目であった。一家は憂愁にとざされたが、兄時明のかねての精勤がみとめられて、十一月には父の知行百五十石そのまま、家督を相続した。時明は出仕の身となり、小楠（二三歳）は兄の厄介になりながら自宅（当時水道町）から時習館にかよい、天保四年（一八三三、小楠二五歳）六月二十三日居寮生に選ばれてからは、菁莪寮に寄宿して勉学に専念した。天保七年（二八歳）四月講堂世話役、翌八年（二九歳）二月七日には居寮長（塾長）に抜擢され、その心附けとして毎年米一〇俵を受けることとなった。小楠が居寮長になった八月、元田永孚は居寮生として入寮したが、当時の小楠を、「横井先生の塾長として生徒を誘導す

居寮長となる

る、大いに発揮するところあり。一時の盛なる生徒みな奮進、志をあわせ相ともに親睦を主とし、悖戻(はいれい)するところなし。月に一回親睦会をおこし、杯酒欣歓(きんかん)、さらに心肝を披豁(ひかつ)して隠忌(いんき)することなし」(『還暦之記』)と記している。自由討論、そして青年学生の腹中に入っての指導、さすが小楠である。

第二　実学の研究

一　江戸に留学

抜擢されて江戸留学

小楠は時習館の塾長に就任して三年目、天保十年（一八三九）三月江戸に留学することになった。元田永孚（一八一八〜九一）によれば、「当時藩をいで他所に遊学するは、私にすることを許さず。ゆえに遊学の藩命を蒙るは容易の才学にして得べからず、もつとも学士の栄誉となす」と。小楠（三一歳）の江戸留学は異数の抜擢であった。藩当局が、小楠にいかに大きな期待をかけていたかがわかる。かれが在学中の文学教官は、辛島才蔵（塩井）・近藤英助（淡泉）など当時の名儒であったが、時習館の学問は、経史に精通し詩文に上達することが主で、現実の政治にたいする識見

・力量を養うことを忘れていた。従って小楠のすぐれた政治的識見は自学自習によるところが多かった。

藤田東湖像

藤田東湖を訪ねる

四月十六日江戸についた小楠は、しばらく木挽町（こびきちょう）の不破万之助御小屋（藩舎宅）に逗留、五月十一日芝愛宕山下の某邸にうつったころから、ぼつぼつ名士訪問をはじめ、五月十七日諸藩の儒者で組織している海鷗社（かいおうしゃ）文会に顔をだした。ついで（日時は詳かでない）藤田東湖（虎之助）をたずね、五月二十八日には林大学頭に面会してその門下に入り、佐藤一斎およびその子幸助・門人河田八之助らと対面した。いうまでもなく林家は幕府における学事の総元締、一斎はその代表格である。したがって諸藩の留学生

諸藩の俊秀と交わる

は、まず林家を訪うて一斎に会うのが慣例であった。七月十二日、肥後出身の碩(せき)儒(じゅ)松崎慊堂(こうどう)の門をたたき、八月十九日には川路聖謨(としあきら)を訪い、ついで会津藩の儒者牧原只次郎をたずねた。以上が、小楠の滞府記録『遊学雑志』にみえる人名である。その他多くの旗本や諸藩の俊秀とまじわり、儒学についてはむろんのこと、幕府・諸藩の政治・経済についてこまかに研究したようである。そのことは『菁莪斎諸友に与ふる書』に「江都(ごうと)の旗本、列藩有名の士、たい

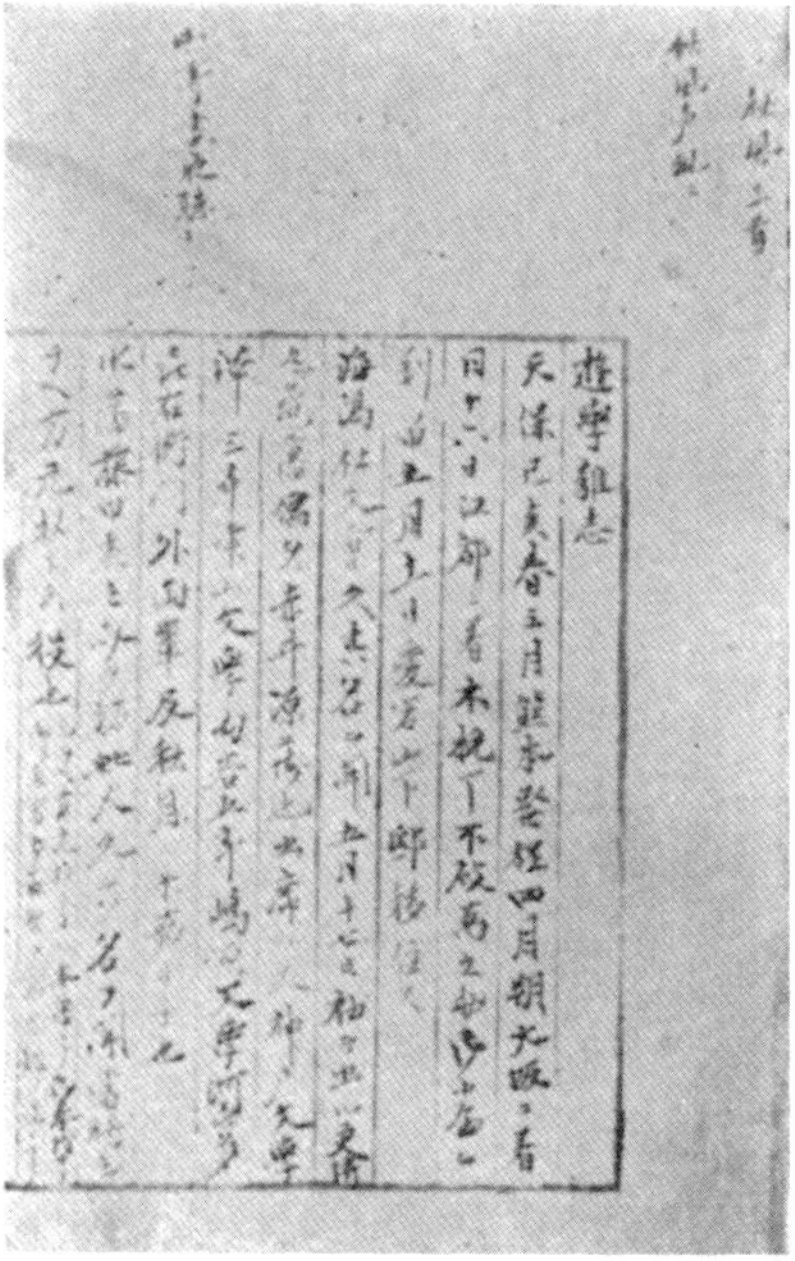

『遊学雑志』

てい交りを納る」とあることによっても想像できる。

小楠の人物評はきびしい。当時江戸における碩儒といえば佐藤一斎と松崎慊堂であるが、まず佐藤一斎（一七七二〜一八五九）については、「一斎当年七十になるよし。壮健なる老人、言語しほらしく、ものなれたる容子言外に見ゆるなり」と。また松崎慊堂（一七七一〜一八四四）については、「羽沢松崎慊堂、学問博大、胸中幾万巻の貯へあることを知らず。……人となり靄然春風のごとく、胸中すこしの城郭なし。予、音韻のことを尋ねしに、例をひき証をなし、その説二時におよぶ。当時大儒一斎・慊堂と唱ふれども、その実は一斎なかなか慊堂におよばず。ただ一斎人物聡敏、世事に錬達す。これ二家名をひとしうする所以なり」と、学殖において慊堂を最高と評している。なお林家については、「林祭酒は天下の儒宗なれば、辺隅の国州にいたりても少しく読書する人は知らざるなし。われはじめ林門にいりて思ふ、旗本の人おほく出入すべしと考へしに、存外のことなり。愛日楼（一斎）の講釈に、旗本の人あるひは一人も見ぬほどにて、さらに平生出入りの人なし。また旗本に林家のことをたづぬるに、詳(つまびら)かなるあたはず。これ読書せる人にてかくのごとくなれば、武人一偏の人はその名も知らざるべし。これにて旗本の様子も知ることとなり。」と、旗本の昌平黌に学ぶものの少なかったこと、また旗本の学問について、「いはゆるかの済世(出世のため)の学流にて、御政事の格式古事、または是非黒白の議論などに心がけは絶無のこと」、と経世済民の理想を欠いていたことを記している。このとき林家は中興といわれる述斎(一七六八～一八四一)であったのに、その学流が、これほどまでに政治と遊離していたとは意外でさえある。

昌平黌

東湖と聖謨を推称

滞府中に交わった名士のなかで、かれがとくに推称している人物は藤田東湖と川路聖謨(としあきら)であるが、はじめて会ったとき、東湖は水戸藩の御用調役、聖謨は幕府の御勘定吟味役であった。小楠は両人を訪問したときのことをくわしく記録しているが、それによると東湖(一八〇六～五五)は、「この人弁舌さわやかに議論はなはだ密、学意は熊沢蕃山・湯浅常山などにて、程朱流の究理をきらひ、もつぱら事実に心懸けたる様子なり」、「当時諸藩中にて虎之助（東湖）ほどの男は少なかるべし」と、実学の同志として尊敬している。東湖はまた水戸斉昭（なりあき）の懐刀（ふところがたな）で、西郷隆盛が「われ先輩においては藤田東湖に服し、同儕（どうせい）においては橋本左内を推す」と絶讃した傑物。川路聖謨（一八〇一〜六八）については、「この人その名をきくこと久し、はたして非常の大物なり」と。職務に恪勤（かくきん）であることや好学・好武の状態など、二人の風采・言語・挙動などをこまかに記している。聖謨は幕府の能吏で、東湖がはじめてかれを訪ねたときも、「一見故（こ）のごとし、その人物凡（ぼん）ならざるを知れり」と推称したほどの人物である。小楠は東湖や聖謨より年もわかく、しかも田舎からでてきたばかり、したがって両人から啓発されることも多かったようであるが、両人もまた小楠を一流の人物として応接している。

東湖の忘年会で所信を述べる

天保十年（一八三九）十二月二十五日のこと、東湖は忘年会を催して同志をまねいた

胸襟を開いて政治論をぶつ

が、席上小楠は漢詩一篇を披露して自分の意見をのべた。そのなかに、「わが輩従来文士にあらず、ややもすればすなはち意気論癖をなす。上は三代より下は明・清、わが皇朝治乱の迹におよぶ。かくのごとくして治り、かくのごとくして乱る、これはすなはち術を得、かれは惜しむべしと。究竟天下明君すくなし、これをもって乱日史冊にみつ」、「一点の忠愛魂魄に発すれば、その容靄然として春風のごとく、その神凝然として金石のごとし。治乱にただこれわが心をつくし、群小と黒白をあらそはず。聖賢の教へかくのごときのみ」、「良会知るおほく得やすからざるを、なんぞ風月を説いて文墨を弄せん。諸君まさにおのおの思ふところあるべし。こころみに肝膈をひらきて、座に向ってなげうて」と。自分はつねに真理を求めているもの。曲学阿世の徒輩と論争することを好まない。しかし肝胆あいてらす憂国の同志と会合したときは、夜を徹して飲みあかし、とことんまで政治の得失を論ぜずにはいられない、今夜は実学の徒のあつまりである、文学論な

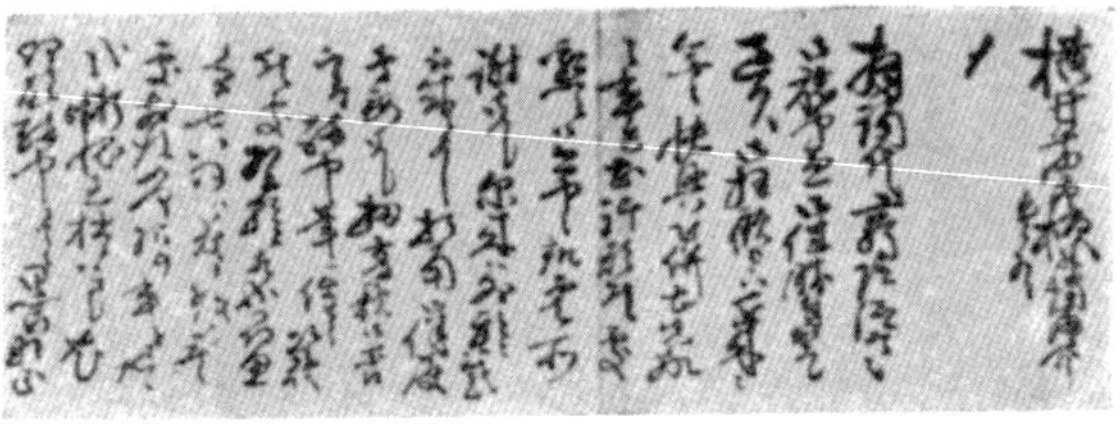

からの手紙

どはすべて抜きにして、大胆卒直に政治論をたたかわせようではないか、というのである。

この一篇の漢詩によって、小楠の実学は江戸留学前すでに一応の形成をみていたことが想像される。そして江戸にでて東湖・聖謨ら天下一流の人たちと接触することによって、それはますます洗練された。その夜のかれは、かつ飲み、かつ論じた。

ところで、かねて小楠の政治批判をこころよからず思っていた肥後藩江戸留守居は、その夜の小楠の言動にかんする報告を探索からきくと、さっそくかれを江戸から追放することを決意した。〝小人、国をあやまる〟とはこうした小細工をいうのであろう。

突然の帰国命令

藩庁は中止の意見

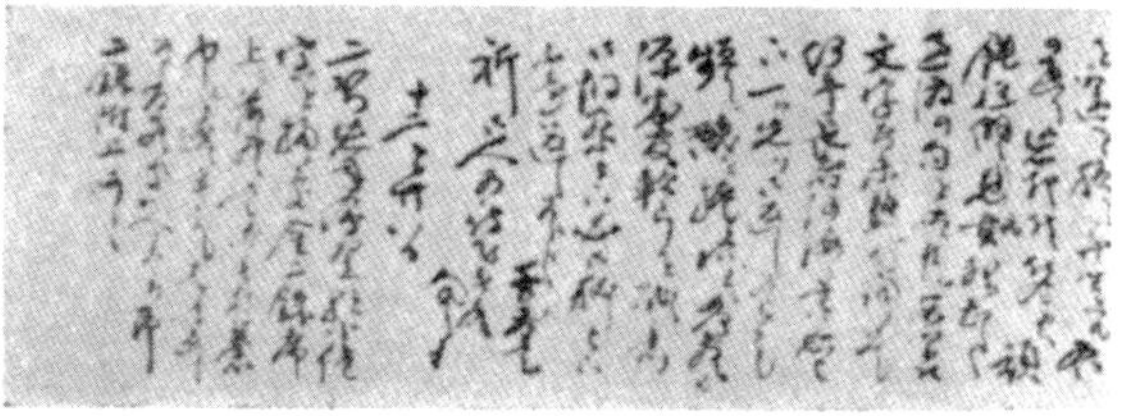

藤田東湖

二　酒失と帰国

これよりさき、東北遊歴を計画して胸ふくらませていた小楠は、二月九日、突然江戸留守居から帰国の命令をうけとった。その理由は、酒後の過失であるという。江戸留守居沢村太兵衛が藩庁に出した報告によれば、「太兵衛見こみにては、禁酒のところもおぼつかなく、そのうへ内済に相成り候儀には候へども、彼方より反報躰の儀も計りがたく、かたがた何となく罷り下し候方しかるべしとのことに御座候」というのであった。これにたいして国許の藩庁は、「何ともつまらぬことにて、笑止なる儀に御座候。……ここもとにて咄(はな)しあひ候ところは、平四郎儀もなみの者にはこれ

理由は酒席での失言という

なく、当時の無人中にはまづは秀才とも申すべきやにつき、このたび罷り下し候ては一統の議論はもとより、しばらく頭あげもなりがたく、第一その身も気力をうしなひ、万一後日勤学できかね、それだし候やうにもこれあり候ては、惜しむべきことに御座候間、聞方にも相成候埒にいたり候はば（事件が探索方から目付・奉行へ報告されて表沙汰になった場合）何卒御許にて相当の御咎仰せつけられ、来年までは直に（ひきつづいて）召しおかれ候やうこれありたく候。しかし反報などの気づかひも御座候はば、しばらくその身の志願もこれある由につき、水戸の方か奥羽の方かいづかたえぞ罷りこし候てもしかるべきや」との意見をつたえた。つまり留守居は、酒後の失言は、相手の藩とのあいだでは一応内済になったが、報復のおそれがあるので帰国させるという。しかし国許では、それくらいのことで処分するのは馬鹿げている。報復のおそれがあるならば、ほとぼりのさめるまで本人の希望にしたがって水戸か東北視察にでも出したらどうか、というのであった。誰が考えても藩庁の意見が常識的であろう。それなのに江戸留守居は、藩庁の指示の到着もまたず、いそいで江戸から追放する命令をだしている。同志集会の席上で政治論をたたかわせ、頭のかたい相手を怒らせた、ただそれだけのことである。それなのにこの苛酷な処置、狂気の沙汰というほかない。

黒い霧

この事件に黒い霧を感ずるのは私だけではない筈である。史料が乏しいので推論の範囲をでないが、私は二つの場合を考えている。①この処分一件で中心的役割を果した沢村太兵衛は、たぶん小楠が塾長であったころ時習館を退学した沢村某か、あるいはその一族で、そのときの怨恨によるものであろう。②もしこの想像があたらないとすれば、江戸留守居のこと勿れ主義、つまり学者は権力の幇間か詩文に生きる隠者、という常識からはみ出した小楠の、卒直な政治批判にたいする警戒心からであろう。ちなみに、のち木戸孝允(たかよし)が小楠の舌剣と評したほど、小楠の政治批判は辛辣なものであった。とくに酒失のあったと推定される十二月

辛辣な政治批判

飲酒に対する小楠の考え方

二十五日藤田東湖邸における忘年会のときの漢詩、そのあとの政治論が、スパイの手によって留守居にもたらされたとき、こと勿れ主義の藩役人たちがいかに驚いたことか、そして政治批判の芽を早急につみとることを決意したのであろう。

小楠は酒が入ると舌鋒ますます鋭く、かならず口論をするくせがあった。それは学究にありがちのこと、小楠自身もそうした酒癖を罪悪だとは考えていなかった。こんどの事件にもっとも近い例に、かれより七年まえ同じく肥後藩から留学を命ぜられた沢村西坡の場合がある。かれは過酒のため帰国させられ、天保三年（一八三二）許されて再び留学の命をうけたが、そのとき小楠（二四歳）は、「沢子寛かさねて江戸に遊学するを送る序」をつくって西坡に同情をよせ、再び留学を命じた藩の処置を激賞している。そのなかに、「異常卓偉の士、その抱持するところをたのみ、ややもすればすなはち放蕩不羈の行ひをなす、これもとより常情のゆるさざるところ。物論沸騰、ならびにその長ずるところの才これを棄つ。終身沈淪して恨みを呑んで死す。衰世士気を鬱抑するの風かくのごとし。あに慨嘆の甚しきにあらずや。唯それ明君賢輔相の上にあるや、百政の急、育才にあり。毛髪絲栗、収めざるなし。況んや衆に卓然とするものにおいてをや。もしその行ひあるひは失するものあるも、すなはち必ずこれを矯正修為せしめ、以てその所長の才を成ぜしむ。それこれを以てよく変化一世人材を鼓舞す。偉能奇俊有為の士、奮然として起ち、以て自ら世にあらはれんことを思ふ」と。このような考えをもっていた小楠は、こんどの酒失一件についても、被告として沈黙をまもることを余儀なくされたが、かりに評論家としての立場に立たせたら、江戸留守居の処置を不当としてしりぞけ、藩庁が指示した処置こそ一流政治家のとるべき道であると絶讃したことであろう。

三　小楠の関心

小楠は時習館時代から実学に関心をもち、熊沢蕃山の『集義和書』などに傾倒していたらしく、江戸に留学してとくに注目したのが水戸学であった。江戸でもっとも親しく交わった藤田東湖について、留学の記録『遊学雑志』に、「学意は熊沢蕃山・湯浅常山などにて、程朱（ていしゅ）流の究理をきらひ、もつぱら事実に心がけたる様子なり」と、蕃山の学統をつぐ実学者であるとしており、また十二月二十五日藤田東湖邸における小楠の詩、以上二つの史料によって、そのころすでに熊沢蕃山に傾倒していたこと、そして実学について相当ふかい研鑽をつんでいたことがわかる。水戸学に関心をもったのもその点で、なにも水戸学全般に心酔したわけではなかった。たとえば、「必竟は水府の学一偏におちいり、天地の正理を見申さざるところより、その流義の大節義をかへつて失ひ候やうにまかりなり、恐ろ

藤田東湖評

水戸学批判

しきことに御座候」、「水府の学問、天下の大害をなし、さてさて言語に絶し申し候」などと批判はきびしい。ところで小楠が私淑した熊沢蕃山（一六一九〜九一）は江戸初期の儒者（陽明学）・政治家で、京都の人。一六歳、備前池田光政につかえ、のち中江藤樹の門に入って陽明学を学び、二七歳ふたたび池田侯につかえ、縦横に経綸をおこなったが、幕府の忌避するところとなり、三九歳致仕、そのご京都・山城・大和・郡山・下総古河などを転々とした。学者としてだけでなく、政治家としての力量もすぐれ、著作の随所に非凡な見解がうかがわれる。時・処・位の考えを導入して、道の普遍性と相対性とを認識し、創造的な思想を生んだ。その学問論において、職業儒者の存在を批判し、日常の学を強調している。小楠は「日本の書にては熊沢の集義和書は格別に相見え申し候」と絶讃して、福井藩の顧問に就任してからは、これをテキストとして実学の研究をおこなった。

肥後藩の先哲のなかで小楠が傾倒したのは、大塚退野と平野深淵である。退野

熊沢蕃山

『集義和書』

大塚退野

退野の学を慕う

は名を久成といい、普通に円左衛門と称した。退野は晩年隠退したのちの号で、はじめ寧斎ついで孚斎という。元禄十五年（一七〇二）二一歳で家督を相続、二百石で御番方となり、のち御切米奉行に転じ、御番方組脇となったが、宝永六年（一七〇九）辞職、その後はもっぱら講学に従事し門人も多かったが、延享元年（一七四四）家督をその子にゆずり、玉名郡玉名村に隠退した。一時陽明学に熱中して、良知を宗とし心をねり静坐をつとめたが、二八歳のとき陽明学に疑いをもち、朝鮮の李退溪の著『自省録』をよんで深く感ずるところあり、一変して朱子学を信奉するようになった。同じく朱子学といっても林家の学風と異なり、実践躬行におもきをおいた。高本紫溟は退野を評して、「程朱学を研究してすこぶる精奥をきはめたり」と。また脇愚山も、「精微」といっている。退野の学風は熊本において一時流行した。平野深淵・草野潜溪などはその高弟で、藪慎庵・佐藤固庵などもその影響をうけている。小楠は弘化二年（一八四五）親友によせた詩のなかに、「われは退野の学を慕ふ、学脈淵源ふかし。万殊の理に洞通して、一本この仁に会す。進退天命にまかせ、従容道心をやしなふ。嘆息す百年の久しき、伝習幾人かある」と。また吉田悌蔵あての書翰に、「拙藩中、真儒と称するは退野・平野両人にて御座候」としている。

小楠ははじめ熊本で儒学を研究し、ついで江戸にでて各派の碩学とまじわり、さらに郷里にかえってその学問を整理した。そしてその学流を朱子・李退渓・大塚退野と系譜づけた。ここで李退渓と、その近世儒学にたいする影響、小楠の傾倒について略説しておく。朝鮮人として李退渓ほど、日本人に尊敬された人は他に類例をみない。藤原惺窩・林羅山はともに李退渓の『天命図説』をよんで、「いづれの地にか才を生ぜざらん」とひどくその学才に感嘆した。また山崎闇斎は李退渓の全著述をよみ、その学説と思想を高く評価、朝鮮の第一人者と断じ、あたかも朱子の高弟のようだと尊敬している。したがって闇斎の門流では、朱子の学問の正統は李退溪をへて山崎闇斎につたわっていると考えた。

李退溪（一五〇一〜七〇）は名を滉、退溪はその号である。韓国慶尚北道安東郡礼安県温恵洞の人。父は進士だったが、かれの生後まもなく死去、母の手に育てられた。二八歳進士の試験に及第、三三歳さらに科挙受験のため漢城の大学に学んだが、このとき『心経附註』をえて心学の精微を自得した。三四歳はじめて官吏生活に入り、四三歳大学教授ともいうべき成均館司成に栄進した。『朱子大全』をはじめて得たのは四三歳で、これをよんで力をえたのは四九歳のときという。すなわちかれは稀にみる晩成の人であった。それからのかれは朱子の書翰文の節録とその注解に精力をそそぎ、『朱子書節要』を著わした。退溪の学問体系がととのい、学的活動が顕著になったのは五〇歳以後のことで、歿年は七〇。その講学の地陶山書院は風光明媚の仙境にあり、参詣する人も多く、朝鮮儒林のメッカのごとき観を呈し、また退溪をまつった書院も四十余ヵ所におよんだという。門人は二百六十余人、そのなかから宰相あるいは一方の学者となったものが十余人をかぞえている。かれは朝鮮が生んだもっとも偉大な学者といってよく、神のように尊信された。

日本における影響力

李退溪の学問は日本においても高く評価され、藤原惺窩・林羅山・山崎闇斎・佐藤直方・稲葉迂斎・同点斎・村士玉水・古賀精里・浅見絅斎・黒岩慈庵・谷秦山・楠本碩水・同瑞山・大塚退野・藪慎庵・同孤山・横井小楠・元田永孚など、その影響はいちじるしいとされている。

小楠の評価

李退溪について小楠は、明の薛敬軒よりも高く評価し、古今絶無の真儒とまでいっているが、これは退野の思想を伝えたものである。「明一代の真儒、薛文靖と存じ奉り候。そのほか朝鮮の李退溪これあり、退溪かえってまた文靖の上にいで候やうに相見へ、古今絶無の真儒は、朱子以後のこの二賢にとどまり候。ゆえに読書録・自省録等の書は、程朱の書同様に学者心得べしと存じ奉り候」(『横井小楠遺稿篇』)

と。小楠は『自省録』をよんで、とくにその「第一すべからくまづ世間の窮通得失栄辱をもつて、一切これを度外におき、もつて霊台（心）を累はさざれ。すでにこの心を弁じうれば、すなはち患ふるところすでに五七分休歇せん」の語を愛し、再三これを墨書して門人にあたえている。

四　思索の生活

天保十一年（一八四〇）三月三日江戸を立った小楠は、四月某日熊本についた。かれの酒失一件は、江戸留守居の苛酷なとりあつかいによって公の沙汰となり、聞方（探索方）の手で作成された行跡取調書が三月十一日藩主に提出され、重役評議の結果、十二月になって処分が決定した。すなわち「横井平四郎、右の者江戸へ遊学仰せつけられ候うち、まま過酒におよび候うちには、外向きにおいて不都合の振り捌きをもいたし、そのほかおいおい不慎の儀もこれありたる様子相きこえ、遊学のため差しこされ候身分、別して不埒のいたりにつき、七十日逼塞仰せつけられ候こと」と七十日の逼塞である。この処分にたいして、小楠はいったいどんな反応を示したか。ずっと後のことであるが勝海舟は小楠を評して、「なんでも失敗した者がきて善後策をたずねると、その失敗を活用して都合のよい方にうつらせるので、じつに禍いを変じて福となすことに妙をえている」と言っているが、小楠自身の失敗の場合もまた同様であった。かれは世間のやかましい批評も、藩のきびしい処罰もともに甘受して、いささかも動揺することなく、門を閉ざして思索に専念し、その実学をさらに磨きあげたのである。

そうした小楠に、一つの心痛事があった。次男坊に生まれたかれは、本来ならば兄の厄介者のはずであるが、秀才だったために、時習館の居寮生・居寮長と抜擢され、ついで藩費による江戸留学生と、これまで一本立ちしてきた。ところがこんどの酒失一件によって、三二歳にして名実ともに兄の厄介者になり下ったのである。兄時明は知行百五十石、手取り米三十石たらずの貧乏武士である。小楠の心中察するにあまりある。

『感懐十首並序』

弘化二年（一八四五）四月、親友にあてたかれの『感懐十首並序』がある。当時のかれの思想・生活などをうかがう資料としてかかげてみる。「かつて朱子の書をよみ、その旨を会するあるがごとし。致知もとより軽からず。重んずるところは実履にあり。静裡に閑気をやしなひ、動処に天理を察す。須臾も道をはなれず。ここにいたれば、これ達士」と。多年にわたる研讃によってみずから会得した朱子学を、実践躬行することに重点をおいている。また「明儒なんぞ俗陋なる、ことごとく聖学の真をうしなふ。王氏その弊を矯めて、かへつて一偏において傾く。俗儒より賢なるがごときも、これを要するに道をうしなふは均し。君子に大道あり、あに邪径にむかつて行かんや」と。明儒が俗学であるのはもちろんのこと、陽明学もまた聖学の真意をうしなったとしている。

陶淵明をしたう

「われは愛す陶靖節、貧賤も憂ふ

るところにあらず。窮居して書巻にたいすれば、襟懐はおのづから悠々たり。あしたに仁義に生くれば、夕べに死すともまた何をか求めん。この人まことに千古、清気斗牛をつく」と。いまの自分の境遇と思いあわせて、貧賤に安んじて道を楽しんだ陶淵明の人柄をなつかしんでいる。「わが輩、道にこころざす、まさに鞭つべし百怠惰。食は餓えざれば足り、衣はこごえざればこれ可なり。名利の心を猛省し、事を処する我なきを欲す。あに学をなすの地にあらずや。これを同心の者に告ぐ」と。ここに、清貧に甘んじつつ学問に精進するかれの気魄をみることができる。

ついに天道にいたる

小楠は、もっぱら程子・朱子を指南として心を経伝にそそぎ、致知格物を強調して実践躬行に重きをおき、研究をふかめた。しかし決してそれに満足したわけではなく、程朱からさらに孔孟にさかのぼり、すすんでは王道を明らかにすることをつとめ、百尺竿頭さらに一歩をすすめて、ついに天道にいたった。

五　研究の同志

研究会をつくる

天保十二年（一八四一）同志と研究会をもったが、そのメンバーは横井小楠（三三歳）・米田是容（長岡監物、二九歳）・元田永孚（二四歳）・荻昌国（二七歳）・下津休也（三四歳）であった。青年たちは、めまぐるしく動く社会に対処するための政治理念をもとめていたのである。研究会は、はじめ元田・荻を中心にひらかれ、荻生徂徠・熊沢蕃山の著作を研究して、その卓見のよってきたるところを求め、「つひに孟子の書をとりてこれを読み、忽然として覚るところあり。謂へらく、天下をおさむるは吾が心の仁にあり、外にもとむべからず。よって論語・大学を看る、あたかも左右源に合ふがごとし」と。ついに孟子・孔子に到達し、天下をおさむる根本はわが心の仁にあることを悟った。この立場から日本の思想家を見なおすと、「徂徠の経済はその源本するところなきを看破し、熊沢の経国は王道にしてその学の蘊

天下を治むるはわが心の仁

蓄（ちく）はかるべからざるを敬慕し」た。

そこに、グループの先達である小楠が江戸留学から帰って、王陽明・程朱を徹底的に再検討した。そのことを元田永孚は、「はじめ陽明の書をよみ、ただちにその学の偏なるを看破し、つぎに程朱の書をよんで、その純正なる聖人の道、はたしてここにあり」と自得したと記している。小楠は、留学前すでに実学にこころざし、その思想遍歴において、熊沢蕃山・王陽明・大塚退野・李退溪・程朱の著作にしたしんでいた。

朱子をえらぶ

そしてそれらの著作の根源するところは、畢竟王陽明と朱子であり、二者択一の立場にせまられて、かれは朱子をとった。しかしそれは林羅山系の朱子学ではなく、李退溪・大塚退野の学統をつぐ朱子学であった。そのころ米田是容は経学の研究をひと通りおわって、史学に関心をもちはじめていた。そこで、五人が研究会をもつことになり、先達小楠を中心に朱子（一一三〇〜一二〇〇）の『通鑑綱目（つがんこうもく）』を、また米田が中心となって朱子の『近思録』の会読をはじめ、毎日あるいは隔日にそれをおこなった。

　こうして小楠の講説、同志の討論をつうじて政治理念がはっきりしてくると、思想家すなわち「俗儒は、記誦詞章に拘して脩己治人の工夫をしらず」、政治家は「法制禁令の末を把持して治国安民の大道をしらず」という実情がわかり、これでは人民の幸福はありえない、すべからく政治の理念は「治国安民の道、利用厚生の本をあつくして、決して知術功名の外に馳せず、眼を第一等につけ、聖人以下には一歩もくだらず、日用常行孝弟忠信より力行して、ただちに三代の治道をおこなふべし。これすなはち堯舜の道・孔子の学、その正大公明まことの実学」と、実学でなくてはならぬとする。しかるにいまこれを認識するものは絶無にちかく、「漢儒以後謬伝してその道をうしなひ、宋にいたり周程・張朱はじめて千載不伝の学を得て、しかして後来よくその真伝を得るものほとんど希なり。わが

真の実学の徒

邦の学、古昔は論ぜず、慶長以後儒者輩出すといへども、脩己治人道徳経綸、真に道を学びえたるは熊沢先生にして、その後はわが藩の先輩大塚退野・平野深淵二先生のみ」と。中国においては程朱、近世日本においては熊沢蕃山、肥後藩では大塚退野と平野深淵だけで、「そのほか寥々聞くことなくして今日わが儕五人斯学を覚得するは、ひとり一身の幸のみならずして、一藩の幸、また天下の幸なり」という。治国安民・利用厚生・眼を第一等につく・三代の治道・真の実学・熊沢蕃山・大塚退野など、すべて小楠の慣用語である。実学を熊本に紹介し、それを展開したのは小楠である。他はそのよき協力者であるにすぎぬ。ところで朱子の正統をもって任ずる小楠が、陽明学者蕃山に傾倒している点、注目すべきであろう。

小楠の研究グループにはしだいに同志があつまり、つねに会合をひらいて修身斉家治国平天下の道に工夫をつくした。そして時習館在寮中から小楠の持論であ

学問の本領

朱子学の近代的開眼

った「文義の研究と字句の穿鑿とにかたむける時習館の学風は、学問の本領とはいえぬ。よろしく詞章記誦の学をすて、実践躬行を本領とすべし」を主張し、〝退野の学風にかえれ〟とさけんだ。小楠の思想は、現実の社会に即した実際的なもので、その立場はあくまで格物窮理の訓えを奉ずるものであった。しかしその窮理は、時・処・位に応じた経綸の理の究明という方向に拡大されている。そして晩年には欧米の科学の窮理をみとめ、またキリスト教の道義性をみとめ、世界には共通の天理があること、日本は聖道を実行することによってそこに達することができるとして、朱子学をのりこえる思想を生みだしている。熊本は洋学という面においては黎明日本に寄与しえなかったが、朱子学の近代的開眼にすばらしい功績をのこしたわけである。

六　実学の提唱

実学党

横井小楠・長岡監物（けんもつ）を中心とする研究グループを、実学党（派）という。なぜ実学党というかについては、熊本ではつぎのように説明されている。米田是容は天保三年（一八三二）十月家督を相続して長岡監物を襲名、家老職をついだが、その人物・識見を信頼した藩主細川斉護（なりもり）は、弘化元年（一八四四）七月、直書をもって文武芸をさかんにするよう委嘱した。そのなかに「文武誘筋（さそい）の儀、これまでの通り手数の末のみにわたり、利をもって誘掖（ゆうえき）いたし候やうの儀は、その方考察のとおり、まったくわれらの本意にこれなく候。とかく文武ともに忠孝を本として、実学・実芸の者一人にても出来候へば、大慶に存じ候ことに依て、向後は文武ともに師役の面々門人の多少など眼前の盛衰にかかはらず、実意をもって本筋に教導いたし候やう」と記されていた。そこで長岡はそのことを藩中に示達したが、その文中にも実学・実芸という文句があり、虚飾迂遠（うえん）の学風をしりぞけて実行に重きをおいたので、のち小楠らと一派をつくるに及んで実学党と称したというのである。

実学という語

しかし実学という語は、細川斉護や長岡監物の新案特許ではない。小楠が心酔した熊沢蕃山（一六一九～九一）の『集義和書』にも、すでに「古の文を学びしは詩をはじめとする。詩は志をいへるものなり。善悪邪正、ともにみな人情の実事なり。故にこれを学ぶ者は実学なり。人倫日用の実事において善心を感発し、善行を興起し、悪をこらし邪をふせぐ事をしれり。これ詩によりて志のおこるにあらずや」とみえており、

実学者という語

また実学者という語は、佐藤直方（一六五〇～一七一九）の『韞蔵録（おんぞうろく）』のなかに、「世にいはゆる実学者のごとく、ものやはらかに言語容貌につとりとしてめったに柔順謙下をつくるでは、なかなか道にいたることはならず」とある。さらに肥後実学派の人々がもっとも傾倒した藤田東湖の、『弘道館記述義』（一八四五年起稿・四九年完稿）のなかにも、「学問事業の一にしがたきは、その故多端なり。しかも大弊四つあり。いはく、躬行をゆるがせにす。いはく、実学を廃す。いはく、経になづむ。いはく、権に流る」とみえている。要するに実学ということば

は、近世儒者のあいだで広く行われていたもので、熊本人の創作ではない。ただし、実学を卓絶した思想体系としたのは小楠である。

学校派、実学党を敵視す

小楠とその同志があたらしい旗幟(きし)をかかげると、時習館の学風を墨守する学校派にたいして、小楠の一派を実学党というようになった。革新は、歴史の推移に無知な保守から、つねに危険視される。しかも藩内においては学校派が絶対多数をしめ、ことに藩政にたずさわる者に、それが多かった。

学校派は実学党を敵視し、しだいにそれを圧迫しはじめた。実学党が天下の大勢に順応して西洋の文物をとりいれ、改革を断行すべきであるとするのに対して、学校派は、節をまげず国粋を保持すべきだと主張した。天保十四年（一八四三）オランダの使節が長崎に来航したとき、元田永孚は長崎に一週間滞在して調査し、帰途佐賀・久留米・柳河を視察したが、そのときのことを『還暦之記』に、「これよりさき外国のことを言ふ者なし。ひとり横井先生眼を外国にそそぎ、鎖国論の文

西洋戦法を効うべし

を著はしてより、毎々論及するところあり。是にいたりて人ようやく目をさまし、海防の策を議し、兵制の論おこる。横井先生主として槍劔隊を廃してもつぱら火器をもちひ、火器は和銃を廃してことごとく洋銃をもちひ、雑兵をやめて一人一銃ことごとく精兵となし、戦法も西洋法を効ふべしと論じたり。その卓見時俗のおどろくところなりし。またしきりに牛痘の最良にして、種痘の法もちひて天然痘の難を予防すべしと論じ、余もとよりこれを信じて、嫡子亀之丞にはじめて種痘の法をほどこして全癒せり」と。これによっても当時肥後藩庁が、うつりゆく内外の情勢にたいして無為無策であったこと、それに反して小楠を中心とする実学党グループが、国内の政治はむろんのこと、西洋の兵器・戦術、さらに医学についても研究し、それを積極的に採用すべきであるとしていたことがわかる。

種痘をすすむ

家老間のあつれき

もともと肥後藩には、家老長岡家とは何かにつけてそりの合わぬ筆頭家老松井家があった。したがって実学党が擡頭すると、松井山城(督之)は学校派の頭目としてことごとに長岡と衝突した。山城の嗣子佐渡（之章）の代になって、長岡の意見が藩におこなわれるようになると、学校派は心おだやかでなかった。〃もし長岡・横井の流派が実学ならば、藩学は虚学だというのか〃などといい、学校派・実学党の対立は、また松井・長岡の対立でもあった。「けだし学校の巨擘たる栃原・木下その他訓導以下、みな横井先生のつねに軽侮蔑視するところ、しかして実学一派にはかに勢を張り、学校派たちまち勢を失ふをもつて、大いに恚むところとなり、つひに俗論を惹起していはく、学校は感公（細川重賢）のおこすところにして、一藩の学文ここに帰す。しかるに長岡大夫・横井氏ら、私に学派をたて党をむすびて学校と相反するは、決してよろしきにあらず」（『還暦之記』）と宣伝した。

松井派は藩政府内でもっとも勢力がつよく、したがって長岡の経綸にたいして反対の気勢をあおる者もあらわれて、長岡の意見はことごとに妨害をうけた。そして弘化元年（一八四四）水戸斉昭および藤田東湖・戸田忠太夫などが幕府から隠居を命ぜられて、実学党の尊敬した人たちが失脚するにおよんで、長岡もついに同年三月家老職を辞任せざるをえぬ立場に追いこまれた。こうして長岡が家老職をやめると、学校派の鋭鋒はこんどは小楠に向けられ、「横井平四郎さん実学めさる、学に虚実があるものか」という歌をつくって小楠の中傷をはじめた。藩費で江戸に留学させてもらいながら、藩の学風に異議を立てるとは不都合千万である、しかも酒失帰国とはなにごとぞ、かれの実践躬行もいかがわしいものである、などと非難した。不世出の思想家小楠にたいして、正面きって斬りこむ能力はない、まさにごまめの歯ぎしりである。

長岡、家老職を辞任

七　私塾を開く

はじめて私塾をひらく

小楠がはじめて私塾をひらいたのは天保十四年（一八四三・小楠三五歳）であろう。これよりさき天保十一年四月帰国いらい、刻苦勉励、聖賢の学に専心すること三年余、一日慨然として「われ、これを得たり」といって子弟を教えたという(『小楠遺稿』所収「先生小伝」)。

また徳富蘆花は、その著『竹崎順子』のなかでこのときのことを、「苦学三年豁然として通ずるところがあったので、かれは所得をわかちうる位置に立ちました。銀杏城下の寒士の家に、一点生命の灯がちょろちょろと、燃えはじめたのでありますと言っている。

郷士の子弟が多い

入門第一号は、芦北郡佐敷郷の惣庄屋の息子徳富一敬、第二号は益城郡中山郷の惣庄屋の嗣子矢島源助であった。そのごも入門者があいついだので、小楠の身辺はとみに賑やかさをました。開塾当時のことを蘆花は、「貧乏士族の部屋住みの先生は、最初から塾などひらく力はもとよりありません。やぶれたたみの六畳が唯一の書斎で、住居で、教場です。薫陶をうくるに熱心な最初の弟子は、三畳の下男部屋に下男と同居さしてもらつて悦んだものです」と書いている。

小楠は学校派からは嫉視され、藩庁からは異端者として白眼視されていたので、

藩士・他藩の入門者もふえる

藩士の子弟が白昼公然とその門をくぐるのはよほどの決心と覚悟が必要だったようで、はじめのうちは郷士の子弟が多かった。しかし次第に藩士や他藩からの入門者もあって、水道町の六畳の間では手ぜまになった。

門弟の謝礼

「部屋住みの平四郎は門生の謝礼が唯一の収入でした。謝儀は区々でした。竹崎律次郎・新次郎のごとく米三・四俵をおさめるものもあれば、年末に兄弟おのおの金拾両をおさめる徳富もありました。塾の建築、先生の旅行などいふ臨時の出費は、もちろん子弟がよろこんで負担したものです」と蘆花が書いているのをみると、生活もすこしは楽になったようである。

相撲町に転宅

弘化三年（一八四六）七月、兄時明は藩に重用されて組頭列にすすみ、小楠にも収入の道がひらけて、家計にゆとりができたのか、横井家は水道町から相撲町にうつり、邸内に十二畳の一室をたてて小楠の居室兼門下生の教場とした。ついで翌四年には粗末ながらも家塾を新築して小楠堂と名づけ、そこに二十余名の門下生が寄宿することとなった。小楠堂には小楠自筆の、つぎのような掟がかかげられた。

小楠堂掟

礼儀を正し高声雑談致す間敷事

師範引廻しの申図違背致す間敷事

酒禁制の事

そもそも小楠が体得した「学」とは、「道徳は経国安民の本にして、しかして知識によつて進む」ものである。したがって彼は一般の儒者を、「あるひは小廉(しょうれん)曲謹(きょくきん)をもつて道徳とし、あるひは博覧強記をもつて知識とす。いやしくも事実にあたれば漠然として糊塗(こと)す。もつて俗儒とする所以(ゆえん)」であると批判し、門下生に

入門の規定

たいしては、「君長を蔑如(べつじょ)し、廉節をあやまり、利禄を眷恋(けんれん)し、寵辱(ちょうじょく)に役せらるる者は、門下に遊ぶことあたはず」ときびしく訓誡した。そのため、「訓詁・詞章は棄つるにあらざれども必要とせず。故にこれを重んじこれに従事する者門下にきたることとまれ」であった。「学」の意義について小楠はつぎのように解説し

学の意義

ている。古人の「学」というのは、書物のうえの修行ではなく自分の心の修行である、したがって天賦の性能を生かし、日常事物のうえで工夫すること、すべてこれ「学」でないものはない。しかるに後世の学者は日常のことには心を用いず、ただ書物のうえだけで物ごとを会得しようとする、これは古人の「学」を学ぶことではなく、その奴隷となるにすぎぬ。たとえば朱子を学ぶには朱子が学んだ方法を研究することが先決問題で、いたずらに朱子の書につくことは、朱子の奴隷となることである。学問の第一義は、心において至極の道理をきわめ、それを日常生活のうえに実現することである。そしてそれをよくする者は聖賢であるから、学問とはすなわち聖賢となるための修業であると。小楠は門下生に、真の学問をすること、真の学者になることをもとめた。そして極端に功利主義をにくみ、なにごとに処するにも公平無私、我執の心があってはならぬとし、「誠」についても、克己修養をつんでその境地に到達せねばならぬ、と門下生をはげました。

政治則道徳

小楠はまた、政治と道徳とは別のものではなく、政治則（そく）道徳でなくてはならぬという。すなわち誠心誠意が治国平天下の基礎であると説き、みずからその実践につとめた。小楠がワシントンを白面碧眼の堯舜と推賞し、西郷隆盛を西行法師のような男といったのも、かれらに利己心がないからである。明治元年（一八六八）帰朝した森有礼（ありのり）と鮫島尚信から米国のエル＝ハリスの人物をきいて、当時比類まれなる大賢人と激賞したが、これは「かれの教へたるや、書をよむを主とせず、講論をたつとばず、もつぱら良心をみがき私心を去る。実行を主とし、日夜修業間断これなし」だったからである。

第一等の道

小楠はつねに、「眼（まなこ）を第一等につけ、聖人以下には一歩もくだらざる」ことを目標とせよ、と訓誡していた。そしてそれは単に門下生にだけでなく、幕府や諸藩の人物・政治などを評する場合にも好んで、第一等・第二等などの語をもちいている。柳川の家老立花壱岐（雄親）あての手紙にも、「天地の間、第一等のほか二等・三等の道これなく候」、「一国一等の人材をもちゐられ候へば、かならず第一等の治をなすべきことに候」などと、政治にも第一等を要求した。

門下生の待遇

新民とは

小楠の門下生は、身分・年齢などまちまちであったが、まったく平等に待遇した。ただし各自の個性にたいしては格別の注意をはらい、器をみ、材によってそれを啓発した。なお小楠は『大学』の「新民」をつぎのように解釈している。皆が旧習の汚れに染んだ人心を正すことだけに汲々とするので、却って人心にさからって効果はあがらぬ。人に向かってその非を指して責めるのは、新民の教えとはいえぬ。新民とは民心を作新することでなくてはならぬ。いかに濁りに染んだ人間にも、わずかながらも善心のきざしは残っているものである。その善い芽を生長させることに努力すれば、非心はかならずしぼみ、ついには枯れてしまうものである。ここに着眼せねば作新の効果をあげることはできぬ、という。

八　肥後藩時務策

天保十四年（一八四三）ごろ、つまりはじめて私塾をひらいたころ、小楠（三五歳）は肥後藩政の改革論を書いている。内容は、

一、節倹の政を行ふべき事
一、貨殖の政を止むる事
一、町方制度を付る事

「時務策」

以上三つについて論じたものであるが、小楠の政治論としてはおそらくはじめての著作で、それだけに、後のものに比べて精彩を欠く点もあるが、さすがにつぼは押さえている。しかし草稿がのこっているだけなので、藩当局に提出したかどうかは詳（つまびら）かでないが、私は提出しなかったものと思う。なぜならば当時の肥後藩においては、これほど卒直に藩政を批判することは許されず、すくなくとも譴

責以上の処分には付せられるであろう。しかし小楠がそうした処分をうけていないことからの推測である。

藩民の生活極度に貧窮

まず下級武士と農民の生活が極度に貧窮化していることについて、「御家中（ごかちゅう）さる暮の困窮、御番方五百人の員数に御救恤（ごきゅうじゅつ）に入りたるもの百八十人、至貧拝借の位はたいてい過半の数にいたれり。宝暦いらい絶えて承らざる困窮なり。また町・在ともに一統のつまり、はなはだしき急迫におもむきたれば、当冬米価下落におよべば、難渋さらにはなはだしかるべしと存ずるなり」と。この難渋の原因

倹約令と利殖

は、ゆがめられた倹約と利殖（高利貸）にあるとする。まず、ゆがめられた倹約について、「すべてこれまで仰せいだされたる節倹は、上の御難渋によって諸事御とり締めにおよばれ、御家中手取り米を減ぜられ、また町・在にかけ寸志銀をとるる道行きにて、ひとくちにいへば上の御難渋を下より救い奉るゆへに節倹を行な

聚斂の政

はせらるるといふ筋にあたり、これは節倹といふにてなく、聚斂（しゅうれん）の政といふもの

竹田・球磨の一揆

なり」ときめつけ、利殖については、「産出の幅つりあはぬとて、出し方の幅をちぢめずして貨殖のあつかひをなし、つぐなひを外にとりて不足をおぎなふは、これ聚斂の者のしごとにて、士民の心をうしなふ第一の悪政なり。たいてい和漢ともに、乱世におよぶ病因をみるに、聚斂の利政にもとづくことにて、士民の怨みをとることはこれより外なるはなし。遠きをいふにおよばず、往昔の竹田の党民、近来の球磨（くま）の党民、すべて聚斂をうらみて事おこり、天下に大恥をさらせしなり」と。聚斂の者の仕事、士民の心をうしなう第一の悪政である、と断じている。

櫨方貨殖

肥後藩の利殖の歴史について、「御国貨殖の始末を考ふるに、寛延以前はおき、宝暦以後の跡をたづぬるに、宝暦二年に御勝手向き格別に貯へなきところより、生蠟（きろう）をとりあつかふ局あるを取りたて櫨方（はぜかた）とあらため、御勘定所の集銭八百貫目引きわたし貨殖を仕はじめ、また小物成方（こものなりかた）にて拝借等の扱ひをなし、その利分に

苛政は虎よりも猛し

て御手伝ひ御用をたすくる仕方をつけられたり。これはそのときの執政一時の急をすくふ手段にて、深く後世の利害をおもんぱかりたる筋にはあらざるべし。しかるに智者も千慮の一失にて、これよりのち御役人の面々、貨殖のあつかひを国政の第一義に心得、そのすぢの利をさまざまに付け、平準方・蠟〆所の貨殖局をしだいにおこし、もつぱら利をあつかふ仕方を行なひ、御国中諸産物を〆搾し歩入所をたて、御家中・町・在に拝借銭をだし、あるとあらゆる利をくりとり、官府を富ます術計をおこなひしより、刀筆の小役人どもその風筋を仰ぎ、毫毛の利もあまさぬやうに手をつけ、また御郡中は会所会所にて、集銭をもつて田地の質入れ、年貢の立払ひに貸しつけ、紙札あるところは延べ料替の仕法を組みたて、近年は御作事所にても拝借銭を出し、咫尺の地も官銭を出さざるところなく、一国をあげて聚斂の利政にくるしみ、御家中はたいてい無手取りになり、町・在は利息の取りたてにくるしみ、あるひは家蔵を封印し、または田地を引きあげて渡世をうしなふものおびただしく、まことに苛政は虎よりも猛しといふ古人の言、今日のありさまにて、仁人君子よりこれを見るに心肝を消すべき勢ひなり」と。

宝暦の改革に疑惑

宝暦の改革のさい創設された櫨方をはじめ、藩庁や藩主が行なったいろいろな貨殖によって、士民の破産するものが相ついでいる。これは結局、政治姿勢にもとづく問題である、という。宝暦の改革者細川重賢は名君、家老堀平太左衛門は名宰相とされている。小楠もさすがに重賢を暴君だとはいわぬ。しかし「宝暦のときに……貨殖の利政にあつかひをつけ、後年におよんで今日の大弊害のもとをひらかれたるは、はなはだ疑惑のすぢに存ずるなり」と精いっぱいの怒りをたたきつけている。

為政者は聖人の道に立還るべし

政治を立て直すためには、まず政治の責任者が聖人の道に立ちかえらねばならぬ。これを節倹についていえば、「聖人の道の節倹は、上下もちあひ不便利にくらし、立ちゆきつくることにて、いささかも上一人の便利をはかる筋合ひにはあらざるなり」。また貨殖については、「ひとたび国をうれひ民をあはれむの心おこるときは、第一に貨殖のすぢをとどめざれば、一日片時も安らかなる心なきことなり」と、その即時廃止を直言している。

第三　諸国遊歴

一　諸国を遊歴

嘉永四年（一八五一）二月十八日、小楠（四三歳）は諸国遊歴の旅にでた。随行者は徳富熊太郎と笠左一右衛門の二人。遊歴地は柳川をふりだしに、久留米・秋月・下関・長府・徳山・岩国・広島・福山・岡山・姫路・兵庫・大坂・岸和田・和歌山・大和・河内・奈良・宇治・京都・大坂・大津・津・山田・桑名・神戸（かんべ）・名古屋・大垣・彦根・府中（武生（たけふ））・鯖江・福井・大聖寺・金沢・福井・敦賀・大坂・中ノ関・三田尻・山口・萩・赤間関・大里（だいり）・赤間・小倉・福岡・博多・太宰府・久留米・柳川の順であった。このうち柳川から紀州までの紀行が『遊歴聞見書』で、

遊歴の順路

小楠が随行の徳富に口授筆記させて熊本の長岡監物におくったものである。その他の土地については、徳富がたんねんに書き記した道中日記『東遊日録』がある。それによって、岡山を出発してから熊本に帰りついた八月二十一日までの道程や、小楠を中心とした一行の、日々の行動などを知ることができる。

『遊歴聞見書』

『遊歴聞見書』によれば、その観察は精細をきわめたもので、まず各地の地勢・地理・河川などを記し、河川についてはとくに洪水の有無、その防備などをしらべている。また各藩の制度・職制・施設・財政状態、とくに知行の手取高、凶荒の手当など、郡政についても、こまかく実状を調査している。教育については学校・藩の学派などを、さらに藩主の賢愚・学意、傑出した人物なども見のがしてはいない。

諸国遊歴の心構え

この書をよんで気づくことは、小楠がこの遊歴において、政治の良否とくにその中核となる人物の発見に、重点的に観察の眼をむけていることである。そのことについては一つのエピソードがある。明治三年（一八七〇）のこと、郷里鹿児島にいた西郷隆盛は、坂元純熙(すみひろ)に、諸国を遍歴して政治の実態を調査するよう命じたが、そのとき西郷が坂元にあたえた注意書のなかに、かつて小楠が諸国を遊歴したさいの心構えについて説いた一条がある。それによると、小楠が長州で村田清風に会ったとき、村田が「なんらのわけにて天下を経歴いたし候か」とたずねたところ、小楠は「いづれ天下の政、一途にいで候やうこれなく候ては、ただ一国々々の政事にて相すまずと心づき、彼に長じ候ところもこれあり、是れに得たるところもこれあるべく候につき、是非得失をかんがへあはせ、一途政体相すはり候ところ念願にこれあり、遊歴いたし国政の善悪を視察いたし候」と答えた。

政体一途の念願

すかさず村田が、「しからばその国に入りその政の善悪是非は何をもつて知り候や」とただすと、小楠は、「まづその国にいたり、士の容体質朴なるは必ず士風さかんなるところ、また町家の繁栄なるところはその国の富みたるところ、農政ゆきとどき民心を得候ところは必ず仁政のおこなはれ候ところ、この三条を目的

善政の見わけかた

にいたし、そのことの挙り候ところはその国に人材これあるべく候につき、その人に問ひて細目をただし本体を明らめ候ところ、多くは相違これなく」と答えたという。その着眼の卓絶していたこと、そして要心の周到であったこと敬服に値いする。西郷がとくに感心したのは小楠の人物評価の適確さで、「熊本藩横井平四郎、壮年のみぎり諸国遊歴いたし、国々人物をたづねまはり、人材とかれが目し候人に、その後名をあげざる者はこれなく」と絶讃している。

人物評価の適確さ

五月六日京都の宿から長岡監物に送った小楠の手紙に『遊歴聞見書』にそえた小楠の手紙には、「天下人材はまことに大払底にて、これまで敬服つかまつり候ほどの人一人も出合ひつかまつらず、学意はもちろん申すにおよばず、正学にても何学にても一向に御座なく候。せめて指を屈し候へば、柳川に池辺藤左衛門、徳山に井上弥太郎、芸州に吉村重助、京都に春日讃岐守、大坂に大久保要、この五人にて御座候。なかんづく讃岐守はよほど才力明敏なる人物にて、深く相まじはり咄し合ひつかまつり候」と記されている。

選ばれた人々

なお小楠がこの遊歴中に訪ねたのはつぎの人々で、いずれも各藩の一流人物を網羅している。

柳川　立花主計　立花壱岐　池辺藤左衛門
久留米　真木和泉　本庄一郎
博多　櫛田駿平
萩　吉田松陰（江戸遊学中）　村田清風　山県半七　山県半蔵　山田亦助
徳山　井上弥太郎
岩国　玉乃小太郎
広島　吉村重助
姫路　外池長四郎
大坂　大久保要（土浦藩士）　橋本左内（越前藩士）

京都　梅田雲浜（小浜藩士）　岡田準介（越前藩士）　春日潜庵　中沼了三　梁
　　川星巌
彦根　田中芹波
名古屋　田宮弥太郎　鬼頭忠次郎
津　平松喜蔵　斎藤拙堂
山田　足代権太夫
福井　吉田悌蔵　岡田準介　坂部簡介　野村潤蔵　笠原白翁　村田氏寿
　　矢島立軒　奥村担蔵
金沢　上田作之丞　関沢房清

二　勤王党との関係

藩主遊歴を危惧す

小楠が諸国遊歴に出発してまもなく嘉永四年（一八五一）四月晦日、在府中の藩主細川斉護(なりもり)は、国もとの家老あてつぎのような手紙をだしている。「横井平四郎こと、監物(長岡)家来同道にて越前の国へまかり越し候やに承り候。もっとも、ほかにも両三人これあるよしに聞きこみ候。まったく風評のみのこと哉(か)、まことに打立ちに相なり候や、いつごろのことにてこれあるべく候や。学問こころざしのためとは考へ候へども、委細の儀かつ実否などわかりかね候間、くはしく申し越され候やうに存じ候。われら出立後も、実学連中なんぞ相かはる義もこれなく候や」と。藩主さえも、実学党とくに小楠の言動にたいして、たえず警戒していたことがわかる。しかし嘉永五年(一八五二)一月十五日づけ吉田東篁(とうこう)にあてた小楠(四四歳)の手紙には、「党禁なんとなく少しくくつろぎ候やうに相見え申し候。しかし朋党の士もちひられ候ことは、なかなかほど遠くこれあり、心痛のことのみに御座候」とあって、実学党にたいする藩の圧迫はいくらか緩和されたようにみえるが、しかしそれらの人々を起用するなどという段階ではなかった。

党禁いくぶん緩和

小楠は、帰国するとすぐ、帰りを待ちわびていた門下生のために講義をはじめた。『小楠遺稿』の「先生小伝」によれば、「先生すでに帰り浩嘆（こうたん）して曰く。天下人なしと慨然自任するの志あり。これより先生の体段（マヽ）識見ともに高きを加ふ。（中略）大学の八条目によりて子弟をさとして曰く」云々とあり、諸国遊歴によってさらに識見をたかめた小楠は、確信をもって『大学』の八条目すなわち格物・致知・誠意・正心・修身・斉家・治国・平天下を説き、子弟を諭したことであろう。

天下人なし

勤王党と交わる

実学党は安政元年（一八五四）ごろまでは攘夷論をとっていたので、勤王党の人々とも親しく交わっていた。とくに宮部鼎蔵（ていぞう）（一八二〇～六四）とは親しく往来したばかりでなく、ときには小楠自身門下生を引きつれて、宮部宅に山鹿流の軍学を稽古に行ったこともある。宮部もまた年長の小楠から指導誘掖（ゆうえき）されたようである。遊歴に出発する三日前の嘉永四年二月十五日藤田東湖にあてた小楠の書翰には、出府する宮部を紹介して万端の教示を依頼しているし、また遊歴にでてからも、その見聞を在府の宮部に書き送っている。これによっても両人の関係は推察できるが、小楠はまた同じ肥後勤王党の永鳥三平（一八二四〜六五）とも懇意で、かれが嘉永六年（一八五三）三月遊歴に出発するさいには、「永鳥の東行を送る」と題する詩をおくり、徳山の井上弥太郎や萩の村田清風に紹介状を書いている。永鳥は中国・畿内・東海道を遊歴して江戸に入ったが、内外の情勢などについてたびたび熊本の同志に通知している。そのなかには必ず小楠の名がみえ、同志のなかでもとくに小楠と宮部を重んじていたことがわかる。

肥後の三党派

当時肥後の三党派のうち、学校党は会津と、勤王党は長州と、実学党は水戸とむすんでいたが、小楠は水戸のなかでもとくに藤田東湖と親交が深かった。のち開国論の急先鋒とされた小楠が、当時過激な攘夷論をふりかざしていた水戸の人たちと結び、また肥後勤王党ともまじわっていたことは信じられないような話であるが、嘉永六年八月藤田東湖にあてた手紙に、「江戸を必死の戦場とさだめ、夷賊をせい粉にいたし、わが神州の正気を天地の間に明らかに示さずんばあるべからず」と記しているのをみても、開国論を唱えるまでの小楠が、いかにはげしい攘夷論者であったかがわかる。

はげしい攘夷論

三　吉田松陰との関係

嘉永四年（一八五一）諸国遊歴にでた小楠は、萩で吉田松陰に会うことを楽しみにしていた。しかし松陰はその三月、遊学のために江戸にでていた。六月五日づけ松陰が萩の実兄杉梅太郎にだした書状に、「熊本藩横井平四郎なるもの諸国遊学にいで候よし。御国えも来たり候つもりにて、宮部鼎蔵より矩方（松陰）え添書つかまつり候よし、鼎蔵申し候こと」とあるので、小楠は宮部の紹介で松陰宅をたずねたものと思われる。ついで九月十五日の手紙には、「横井そのほか、また三人

宮部鼎蔵と松陰

きたり候よし妙々。何月何日より何月何日までをり候段相わかり候はゞ、後鴻まち奉り候。東肥人の心がけ仰せのごとく畏るべく候。宮部などのこと毎度敬服つかまつり候。今日同人方にて、横井が遊歴中宮部につかはし候紙面、なかほどすこし見申し候。諸国のことだいぶ論じこれあり候」という一節がある。松陰は嘉永三年（一八五〇）九州遊歴のときはじめて熊本で宮部に会ったが、その後は肝胆あい照す仲となり、松陰が江戸にいるあいだ宮部も在府してたがいに往来し、一緒に東北遊歴に出たりもしている。そんなわけで松陰は宮部から小楠のこともきき、また手紙も見せてもらったのであろう。

ところで松陰は前後三回熊本に来ている。三回目は嘉永六年海外視察にでるため長崎にゆく途中であったが、そのとき松陰は長崎に停泊中のプーチャチンの率いるロシア軍艦に搭乗するため江戸を立ち、大坂から瀬戸内海をへて鶴崎（大分県）に上陸、十月十九日熊本に入った。そして五日間滞在したが、小楠は松陰の第一回

はじめて松陰と面接

吉田松陰像

来熊のときも、またさきに萩を訪ねたときもついに面会の機をえなかったので、こんどの来熊には大よろこびで迎え、その滞熊中三回も面接して大いに意見をたたかわせた。

松陰は二十五日朝熊本を立って二十七日長崎についたが、目的のロシア軍艦はすでに一時退去したあとだったので、かれは十一月五日にはまた熊本に帰ってきた。つまりこれが三回目の来熊であるが、このとき小楠は行きちがいに長崎に行って留守だった。松陰がこの往復二回の来熊に面会したのは、主として実学党と勤王党の人たちで、安政二年（一八五五）正月野山獄から萩の実兄杉にあてた書状に、「肥後にいたりしとき横井平四郎が党某、しきりに寅（松陰）に経学をすすむ。また平四郎が学風も大略承りおけり」云々とあるので、経学に関する話のあったことは間違いない。幕末志士のなかで松陰ほど、短期間のあいだにひろく日本全国を旅行した人もすくなく、わずか五年のあいだに、北は青森から南は九州まで歩いているが、そのなかでもっとも彼に大きな印象を与えたのは、水戸と熊本だったようである。

『学校問答書』

松陰が萩にかえると、そのあとを追って宮部と野口直之允が萩にゆき、松陰は十数日萩に滞在すると、宮部らを伴って出府した。二月十五日江戸についたが、途中から小楠に手紙を出している。そのなかに、

藤田（東湖）に与ふる詩および学校問答書たしかに入手、かつ誦しかつ読み、感服つかまつり、おいおい藩人へも示し、問答書は世子へも献じ候やう申し談じおき候ことに御座候。（中略）先生にも事体により御東遊もあらせらるべきおもむき宮部君より承り、抃躍（べんやく）このことに御座候。（中略）弊藩のことは君

公も決して正議にくみせざる人にあらず、また井上・玉木などをはじめいづれも志あるものなれども、恨むべくは天下の事体にくらく、ただ一国の見（けん）をはなれざる人々につき、なにとぞ先生の一言をえ候はゞ、かならず奮発つかまつるべくと相考へ候。

長州藩の教育を切望

と。松陰は小楠に、長州藩主および藩士の再教育を切望している。

そのご安政五年（一八五八）熊本へ撃劍修行にゆく長州藩士児玉吉次郎に託して、肥後藩士（丸山ほか二名）にあてた書状のなかに、松陰は

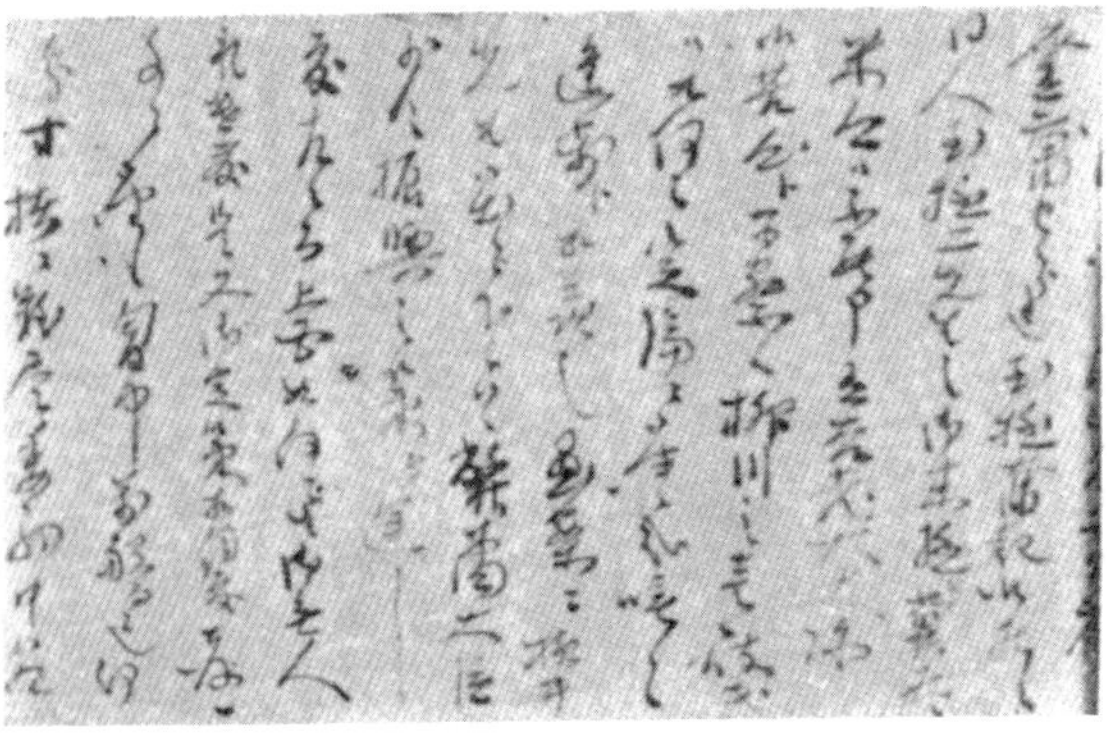

手紙（長野簡悟氏蔵）

『陸兵問答書』

長州へ再度の招請

「桜井の話に横井君兵制論出来、至極の確議のよし。弊藩政府の者しきりに懇望つかまつりをり候間、御寄贈なしくだされ候やうには相なり申すまじきや。この一事去年以来はなはだ願ふところに御座候間、万々御たのみつかまつり候」と記している。横井君兵制論とは、小楠が安政二年に書いた『陸兵問答書』のことであろう。さらにその二ヵ月後に熊本をおとずれた中谷正亮（まさすけ）も松陰の手紙を持参している。それは横井・宮部・丸山・佐々・今村五人にあてたもので、そのなかに、「つまるところ横井・宮部二先生の間、弊藩までお

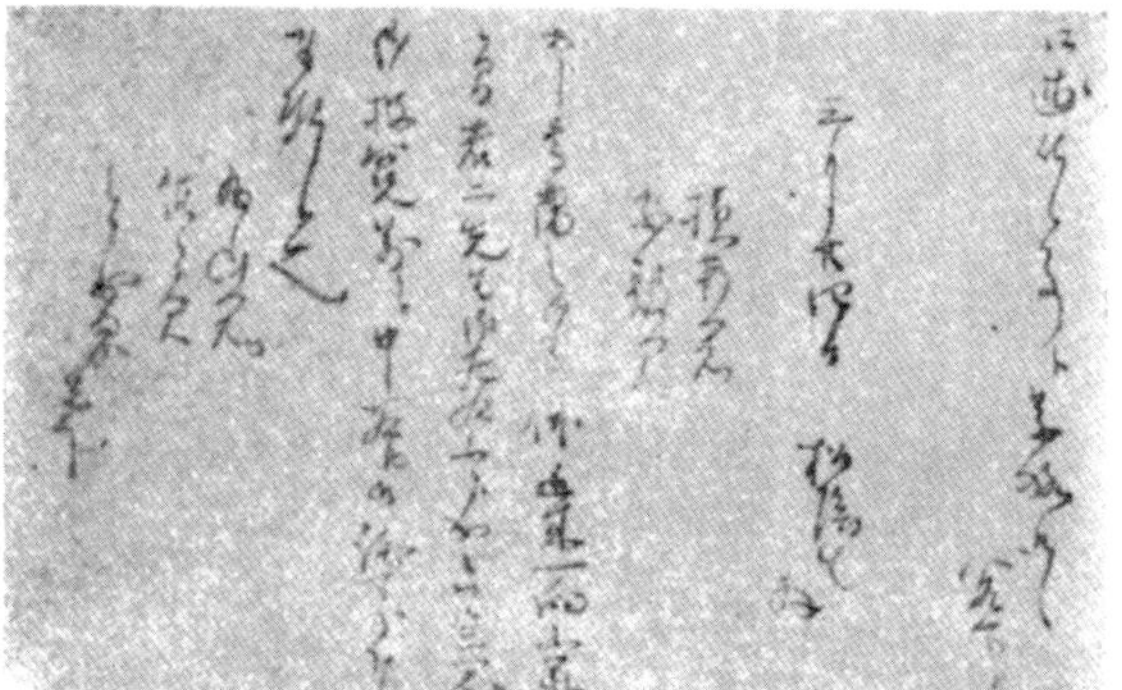

吉田松陰からの

出かけくだされ候やうに御願ひ申しあげたく存じ奉り候。（中略）愚案に、横井先生おいでくだされ候はゞ、弊藩大臣少々振興の策をめぐらしたく、さ候て上国いかにも御無人気づかはしく、これまた御定策相うかがひたく存じ奉り候ことに御座候」と記されていた。しかしこのときすでに小楠は、越前藩の招きに応じて福井に行ったあとであった。

小楠に対する松陰の期待

松陰は、小楠が長州藩にきて同藩士の指導にあたってくれることを、再度切望している。小楠の人格・識見にたいする松陰の期待が、いかに大きかったかを知ることができよう。しかし安政五年（一八五八）小楠はすでに開国論にふみ切り、勤王党の人たちとは訣別した。

四　越前藩の諮問

学校創設について諮問

小楠は嘉永四年諸国遊歴のさい福井を訪問したが、その識見にすっかり敬服した越前藩は、翌五年学校を創設するにあたって小楠の意見をもとめた。かれは三月その諮問にこたえて意見書をだしたが、それには、藩校にたいする批判と理想が述べられている。

藩校のありかたを批判

第一問　政事の根本は人材を生育し風俗をあつくするにこれあり候へば、学校をおこし候は第一の政にて候や。

答　和漢古今明君いでたまひては、必先学校をおこしたまふことにて候。しかるにその跡について見候に、学校にて出類(しゅつるい)の人材いで候ためしこれなく、いはんやこれより教化おこなはれ、風俗あつく相成り候こと見え申さず。……かつ当今天下の列藩、いづかたも学校これなきところはこれなく候。しかるに章句・文字をもてはやし候までの学校にて、これまた一向人才のいで候いきほひこれなく候。

と、これまでの藩校のありかたを手きびしく批判し、したがって藩校の創設については、その由来するところを深く考えてみる必要があるとしている。

第二問　これは学問と政事と二つに離れ候より、学校は読書所に相成り、無用の俗学に帰し候。いま明君いでたまひて、……学政一致の道に心をおきたまひて学校をおこしたまはゞ、しかるべき事にはこれなく候や。

答　この名君のおこしたまふ学校にて候へば、はじめより章句・文字無用の学問になりゆき候はふかく恐れいましめられ、かならず学政一致にこころざし、人才生育に心をとゞめたまふことに候。……しかるにその学政一致と申す心は、人才を生育し政事の有用に用ひんとの心にて候。これすなはち人材の利政と申すものにて、人才を生育せんとして却つて人才をそこなひ、はては章句・文字の俗儒の学校になりゆき候は勢ひの止むべからざるところ。

と。聡明な藩主の創設する学校ならそうした弊害はないではないかという質問に、一応はその意見をみとめつつも、やはり人才を生育して政事の役に立てようとする利政であるから、結局俗儒の学校に転落するであろう、という。

第三問　しからば学政一致の心は非なることに候や。

答　学問と申すは、己れを修むることのみにて、書をよみその義を講じ、篤実謹行にして心を世事にとどめず、ひとりみづから修養するをもつて真の儒者と称し、経を講じ史を談じ文詩に達する人を学者ととなへ申し候。さてまた才識器量これあり、人情に達し世務に通じ候人を経済有用の人才といひ、簿書に習熟し貨財に通じ、巧者（こうしゃ）にて文筆達者なるを、能き役人と心得候。これ学者は経済の用に達せず、経済者は修身のもとを失ひ、本末体用相兼ること能はず候。

儒者と学者

経済者とよき役人

学政一致に対する考え方は、秦・漢いらいゆがめられている。従って、いわゆる明君の通弊である人材の利政は、排すべきであるという。

第四問　学政一致ならざるのくるひ承り候。しからばその一致なる所以（ゆえん）のすじはいかゞに候や。

答　こと新らしき申し事ながら、天地の間ただこれ一理にて候へば、人間の有用千差万変かぎりなく候へども、その帰宿は心の一にて候。さればこの心を本として推して人におよぼし万事の政に相成り、本末体用かれこれのかはりは候へども、二つに離れ候すぢにてはこれなく候。

学政一致の真意

学政一致の真意についてのべている。

第五問　しからば、学校はおこさざれども宜しきことに候や。

答　しかれば、道をしりたまふ明君いでたまひては、必先一家閨門のうちより講学おこなはれ、朝廷の間君臣儆戒の道相立ち、政事これよりいで、いはゆる学政一致の根本すでに相立ち候うへは、かならず学校をおこし、君臣ここにて講学いたすべきことに候。

藩校創設の前提条件

と。ここに小楠独自の主張がある。つまり道を体得した藩主が率先して一門に講じ、学政一致の根本を打ちたてることが、藩校創設の前提条件である、という。

教官としての適格

第六問　教官の撰、いかなる人にてしかるべく候や。
答　学校の風習、善となるも悪しくなるも教官の身にこれあり候へば、その人の撰もつとも以て大切に候。ここに二人の人これあり候。一人は知識明らかに心術ただしく候へども、経学・文詩の芸に達し申さず候。一人は篤実謹行に候へども知識明ならず、しかしながら経学・文詩の芸は格別にこれあり候。おほよその心にては、前の人は側用人・奉行などの役人の撰びに入り、後の人をよき教授先生と申し候。これすなはち体ありて用なきを儒者と心得候後世人心のくるひにて、その勢ひ記誦・詞章の学校にならざること能はず候。
と。
第七問　学校の設は如何して宜しかるべきや。
答　学校の設、聖堂あり、講堂あり、居寮あり、句読所・習書所あり、算学天文所あり、武芸所あり。国中の志人、朝より暮にいたりこの学校にあつまり、文武の道を講ぜしむ。教官の設は、惣教あり、教授あり、訓導あり、寮長あり、習書師・句読師あり、大抵これらの設にて、くはしきことは列藩学校の制度を斟酌しておこなふべきことに候。

そして最後に、「右問答の本意帰宿は、人君の一心に関係いたし、君となり師となりたまふの御身にてこれなく候ては、いかに制度のよろしきを得候とも、たちまち後世の学校に相成り、その益御座なく候。しかれば学校の盛衰は君上の一心にこれあり、その他は論に及ばず候」と、藩主が一藩の師表たるにふさわしい人物であることが、学校創設の基本である、と結んでいる。

学校創設の基本

すなわち、各藩は競って学校を創立したが、藩主・家老の心が純粋でなかったために、いずれも文字・章句の俗儒養成機関に転落し、経世済民の理想にもゆる人材は生まれてこない。政治の貧困もまたここに原因がある。したがって藩主の講学が第一で、その基本のうえにはじめて学校は創設されるべきである、といっている。なお翌六年（一八五三）一月、同じく越前藩の村田氏寿に、『文武一途の説』を書きおくっている。

第四　開国論提唱

一　沼山津に移る

家督をつぐ

嘉永六年（一八五三）二月、小楠（四五歳）は肥後藩士小川吉十郎の一人娘ひさ子を妻にむかえた。翌七年七月十七日、横井家の当主である兄の時明（四八歳）が病死したが、時明には妻清子とのあいだに長女いつ子（一四歳）・長男左平太（一〇歳）・次男大平（五歳）の三児があった。嗣子が幼少のため、当時の習慣にしたがって小楠（四六歳）が順養子として家督をつぐことになり、九月十四日兄の知行をそのまま相続して、番方（知行取りの士分）を命ぜられた。番方には定まった職務はないが、いずれは藩の役人に任命されるだろうことが、小楠にとって心配のたねだったらしく、九月二十日づけ越前の吉田東篁にあてた手紙に、「これまで浪人に決定いたしおり、五十に向かひたる身分、世事相つとめ候儀は、まことにもつて迷惑に存じ奉り候」と記している。

長岡と絶交

安政二年（一八五五）ごろ小楠は盟友長岡監物（四三歳）と絶交した。絶交の理由ははっきりしないが、性格の相違によるものとする意見が、定説化している。両人ともっとも親しかった元田永孚は、小楠のことを「横子は識見の快活、志気の軒昂、前に古人なく後に今人なしといふべし。われ多くの人に交はりたれども、かほどの活見者は見ざるところなり。おそらくは天下の人にも多くはこれあるまじき才なり。しかし惜しむべきは克己の学に力をもちひざる故、気おさまらず、なにぶん大任にあたり衆人を使ふに、つひに敗をまぬかれじ。これ一つの短なり」と。

元田の小楠・長岡評

また長岡監物については、「米卿（監物本姓米田）は克己の学に力をもちひ、よく道を守りて行ひ常あり、有徳の君子ともいふべし。しかし胸中経綸とぼしく、常理に硬定して機活をうしなふ。君明なるときは、実に三公の位におきて道を論じ、君徳をたすくるにはその材あまりあるべし。国家経綸の事業をなすにはその才たらず」（『還暦之記』）と評している。

　かつて小楠は父にしたがって内坪井から水道町へ、また兄にしたがって水道町から相撲町へと転居したが、安政二年五月には熊本の東南二里余の沼山津に居を移した。

　肥後藩においては城下で転宅する場合、かわりたい者同志が申しあわ

沼山津の旧居四時軒の客間
（門生に講義をした室，床の間の掛軸は春嶽筆。当時を再現したもの）

せてその旨藩庁に願いでることになっていた。また城下をはなれて農村に転居する場合は、在宅願をだして許可をうける必要があった。農村は万事生活費が安くつくので、藩士が在宅するのは、生活が立ち行かず経済の立て直しをするための場合が多かった。したがって小楠の転居理由も、福井の吉田悌蔵あて書簡（安政三年十二月）のなかに、「一昨秋家兄病死、甥ども弱年にて、やむをえず家督相続つかまつり候。近年種々の病災などにて家事はなはだ不如意にまかりなり、城東二里の地沼山津と申すところに転居つかまつり候」としている。とにかく家族は実母・養母・姪一人・甥二人・女中の計七人、もとより資産はない。知行はわずか百五十石で手取り二十余石、生活が苦しかったことは想像にかたくない。

沼山津の地形

沼山津の地形について徳富蘆花は、「四方一面ひろびろとした田畑のまん中に、ぼつちり撮（つま）んでおいたやうな、いかにもやぶ蚊の多い、木枯しのそうぞうしい、梅雨のころはめり入るやうにしめつぽい、明るいものは背戸（せど）の梅の花ばかり、といふうどぐらい竹藪の小村だ。しかしちょっと村を出ると、うしろは十里の平野をへだてて、はるかに阿蘇の煙を東北にながめ、水が浅くて藻の多い沼山津川が前をながれて、飯田山・釈迦院岳・甲佐岳、それから木原山の峯々が屏風を立てたやうに前にならんで、はるか西には肥前の温仙（雲仙）が岳もうっすり見える。まことにひろびろとした景色だ」と描写している。

沼山の雅号

「四時軒記」

小楠はここに移ってから住居を四時軒と名づけ、雅号を沼山と称した。肥前の田中虎六郎は小楠のもとめに応じて「四時軒記」を書いたが、それが手もとに届くと小楠は大いによろこんでそれを梁間にかかげ、七言古詩一篇をつくって感懐をのべ、田中の好意にむくいた。それは小楠の詩のなかで最も長いものであるが、大要はつぎのようなものであった。まず沼山津に閑居した動機、沼山津の景色、「四時軒記」をとくに田中に依頼した理由などを記し、「四時軒記」は文章がいかにも正大である、自分に古人真隠のあとを偲べというが、自分は愚かでとうてい先賢をねがうことはできぬ、と謙遜したあと、経世済民が自分の本領であることをほのめかし、「方今洋夷海を擾してきたる。各藩戍兵を東西に催し、廟議紛々たり和と戦と。経国安民いづくにかある。嗚呼民貧しく兵弱くば何を以てか戦はん」と。いたずらに攘夷論にとらわれて、富国強兵の基礎もなく、また上下恬然として奢侈におぼれている弊風を指摘し、「君聞かずや、洋夷各国治術明らかなり。励精よく上下の情に通じ、公に人材を撰び俊傑を挙ぐ。事あれば衆に詢ひて国論平らかなり。うすく税斂をとりて民貧しからず。厚く銭糧を貯へて勁兵を養ふ」と西洋諸国の民主政治をたたえ、「われ聞く敵国の強きは我の力たり。今にして警戒し国を興すべし」と、今こそ日本が国を興す好機であると結んでいる。しかもかれは自分がそれに当ろうとはいわず、「危をたすけ傾を起すにその人あらん。閑人といへどもまさに閑園を払ふべし」と青年志士の奮起を期待している。

二　開国論に傾斜

ペリー来航

ロシア使節入港

弘化元年（一八四四）オランダ国王は、将軍家慶（いえよし）に信書をおくって世界の情勢を説き、鎖国が不可能であることを述べ、さらに嘉永五年（一八五二）にはアメリカ使節の来朝を予告した。翌六年六月三日アメリカの使節ペリーは軍艦四隻をひきい、国書をもって浦賀に入港、日本に通商を強要した。おどろいた幕府は沿岸警備の急務をさとり、六月七日肥後藩ほか六藩に、本牧（ほんもく）その他江戸附近沿海の警備を命じた。いっぽうアメリカ軍艦は再来を宣して、六月十二日一応本国にひきあげたが、そのご約一ヵ月をすぎた七月十八日、こんどはロシアの使節プーチャチンが軍艦四隻をひきいて長崎に入港、国境画定・交易開始にかんする国書を幕府にさしだした。この国書は九月十一日江戸に届いたが、一と月近くもすぎた十月八日幕府はようやく、川路聖謨（としあきら）を応接のため長崎に派遣することを決定している。そして十月末日江戸を立った川路の一行は十二月八日長崎についた。これよりさき来航後三ヵ月もすぎたのに、いっこう要領をえぬ幕府の態度にしびれを切らしたロシア使節は、十月二十三日ついに長崎を出港したが、十二月五日にはふたたび入港してきた。日露両国の使節は、十二月十四日から数回にわたって折衝したが、国書にある二件は、いずれも解決をみるにいたらず、プーチャチン一行は翌年一月八日長崎をひきあげ、川路らの一行も十五日には江戸へ出発した。

『夷虜応接大意』

このとき小楠（四五歳）は藩命をうけて、幕府の外交使節である旧友の川路聖謨に会うため長崎にいったが、ロシア軍艦はすでに一旦出港したあとであり、川路の一行はまだ到着していなかった。そこで小楠は川路にあてて『夷虜応接大意』をしたため、それを長崎奉行に託して熊本に帰った。『夷虜応接大意』は嘉永六年段階における小楠の外交論を示す注目すべき文献で、その大要はつぎの通りである。外交には四等あって、まず最下等は「かれの威強に屈し和議を唱ふるもの」、すなわち無条件和平論であり、下等は「鎖国の旧習になづみ、理非をわかたず、いっさいに外国を拒絶して必戦せんとする」こと、すなわち絶対攘夷論である。中等は「かれが無礼をにくみ、かれと戦はんと欲すれども、わが国二百五十年の泰平に、天下の士気頽廃してみな驕兵たるをうれへ、しばらく屈してかれと和し、その間暇をもつて士気を張り、国を強うしてのち、かれと戦はんとのみ思ふ」強兵戦争論である。さいごに最上等の方法は、「ゆえにわれは戦闘必死をむねとし、天地の大義を奉じてかれに応接するの道、今日の一義にあらずや。わが国毫もかれが強梁をおそれず、大義を明らかにしてかれを拒絶せば、夷虜たたかはずして畏服せざること能はざるなり」、これが王道外交論であるという。

このころの小楠は、世界状勢について充分な知識はもっていなかった。しかるに外交についてはこれだけの見識を持していたのである。すでに攘夷論ではない、一歩をすすむれば、まさに開国論である。小楠の理論の骨子は、「およそわが国

時流をぬく外交論

の外夷に処するの国是（こくぜ）たるや、有道の国は通信をゆるし、無道の国は拒絶するの二つなり。有道・無道をわかたず、いっさい拒絶するは、天地公共の実理に暗くして、つひに信義を万国にうしなふに至るもの必然の理なり」というのである。つまり真理は一つ、外交は信義をもって行うべきである、という自覚のうえに立っている。卓然として時流をぬく、みごとである。小楠の門人たちが編集した『小楠先生小伝』には、「川路西下せず。……すなはちやむをえず夷虜応接大意を

開国論の端始

著し、大要外人にたいするに義理・礼節をうしなふべからず、鎖国はわが国祖宗の意にあらず、今日のこと開鎖ともに正理公道をもつてことに従ふべきをいふ。その論正大堂々あたるべからざるの勢ひあり。……是れけだし開国の論を唱へんとするの端始なり」としているのも、なるほどと肯（うなず）ける。

三　開国論の提唱

神奈川条約

安政元年（一八五四）三月三日、日本はアメリカと和親条約（神奈川条約）を締結した。これは日本が外国とむすんだ条約のはじめである。この条約では、日米両国の永久の和親を約束し、下田・函館の両港をひらいてアメリカ人の上陸をゆるし、薪水・食料・石炭などの補給を約束し、さらにアメリカ官吏の下田駐在もゆるすというのである。つまりアメリカの要求通り、すべてを受けいれている。かくて幕府の軟弱外交を非難する声が各地にあがる一方、開国・鎖国にたいする是非の論議が沸騰した。

小楠の外交論

小楠の外交論は、そのころからしだいに積極化し、同時に精彩を加えてきた。九月二十日づけ福井の吉田悌蔵あての書翰に、「惣じて和といひ戦といひ、つひにこれ一偏の見にて、時に応じ勢ひにしたがひ、そのよろしきを得候道理が、まことの道理と存じ奉り候。……今日の勢ひかならず和を絶つの論は、事勢をしらざると申すべきか。しかれば墨(ぼく)(アメリカ)英などの夷に処するは、応接の人その人物をえらび、道理のやまれざる自然の筋をもつて打ちあけ話し合ひ、いささかたりとも彼が無理なる筋は論破いたし、またきこえたるは取り用ひ、信義を主として応接するときは、かれまた人なり、理に服せざること能はず。さてこの上にも無理を申し立つるなれば、やむをえず戦ひに及び候に、われ義なり、かれ不義なり、決して万国を敵にとるの道理これなし」と。つまり、和といい戦というのは畢竟(ひっきょう)かたよった意見である。天地の公道にもとづき、信義を主として、時勢にしたがってその宜しきを得るのがまことの道理である。独立国として和親条約をむすんだ以上、それを破ってふたたび鎖国攘夷の線に引返すことはできぬ。そこで外交官に一流の人物を起用して、もし不条理があれば道理をもって外国を服させるべきである、という。まことに適切な、主体性をもった外交論である。

開国論にふみきる

『海国図志』

安政二年（一八五五）に入ると、小楠（四七歳）は積極的に真向から開国論をとなえはじめた。それについては一つのエピソードがある。門下生の内藤泰吉は『北窓閑話』のなかに、「安政二年先生は開国図説（志）によりいよいよ開国を主張さるることになつた。おれを相手に毎日談がはじまる。昼飯をわすれたことが百日もつづいた。先生は兵法で話される、おれは医術をもつてこれに応じ、大いに啓発するところがあつた」と記している。『海国図志』は、一八三八年アメリカ人ブリヂメンが、シンガポールで著した万国地理書で、それをアヘン戦争の大立物である林則徐（りんそくじょ）が漢訳させ、さらに一八四二年魏源がこれに諸書を輯録して『海国図志』と名づけ、一八五二年増補出版したものである。日本に輸入されたのは嘉永六年（一八五三）であるが、それを幕府の川路聖謨（としあきら）が部下に翻訳させ、安政元年から安政二年（一八五五）にわたって翻刻出版した。当時第一の世界地理書とされたもので、小楠ばかりでなく佐久間象山・吉田松陰・安井息軒・橋本左内など、競ってこれを読んだものである。

小楠の見識

小楠の開国論の構想について、元田永孚（えいふ）は、

その経綸・措置はやくここに一定せば、天下の衰をおこして、富国強兵万国の上にいでんこと掌（たなごころ）をかへすがごとく、その設施（せっし）、まづ米国と交親するよりはじむべし。もしわれを用ひるものあらば、まづ米国にいたり誠信を投じて大いに協議し、もつて財政の運用、殖産交易振興するところあるべし。ことに米国の開祖ワシントンなる者は、つねに世界の戦争を止むるをもつて志となす。いま各国戦争の惨憺、じつに生民の不幸これを聞くにしのびず。故に米国と協議して、もつて戦争の害をのぞくべきなり。ワシントンは堯舜いらいの聖人、あるひは優るところあるも知るべからず。近来のハルリスが説くところもまた理あり。天下有志の論は、外国の実に達せず、みな生硬見（せいこうけん）なりと。（『還暦之記』）

と記している。小楠は、日本は開国して富国強兵策を推進し、世界一流の国家となるべきこと、アメリカと協力して世界平和の実をあげるべきことを提唱した。

世界平和を提唱

かれの論ずる開国論は、決して幕府流の盲従主義的なものではなく、また佐久間象山流の侵略主義的なものでもない。それよりはるかに進んだ自主的・平和的なものであった。かつて蘆花は、「小楠は、維新前の幕府の末のみだれゐるさいに、世界の平和ということを考へてゐた。世界の平和といふことは、ちつとも新らしいことでなく、千年前に西洋人でも世界的平和をかんがへてゐた者もあるが、幕府の末のみだれたときに当つて、世界平和をかんがへてゐたと言ふことは、この人がどのくらひの人間であつたかといふことがわかる」といっている。要するに小楠の開国論の萌芽は嘉永六年（一八五三）にみられ、そして安政二年（一八五五）に結実している。

四　思索すすむ

長男と妻死亡

安政二年は小楠にとって、こと多い年であった。三月には盟友の長岡監物と絶交を余儀なくされ、五月には城東沼山津に転居した。そして十月に長男を、ついで十一月には妻を亡くし、さらに十月の江戸大地震には親友の藤田東湖をうしなっている。

つせ子と結婚

明けて三年、郷士（ごうし）矢島忠左衛門の娘つせ子をめとったが、そのときのことを蘆花は、「百石以上は上士格で、一領一疋（郷士）のむすめは対等の結婚はできません。妾といふ名儀です。しかし先方に正妻がいるわけではなし、かやうな縁組は二度とえられないと、兄の源助も姉たちも、その夫たちも乗地（マヽ）になつてすすめます。……父母は亡くなる、同胞はすすめる、つせ子はとうとう辞しかねて安政三年、杉堂（矢島家）から沼山津へ横井小楠にゆいて事実上の妻になりました。小楠四十八才、つせ子は二十六才で親子ほどちがっていました。妾といふ格で、ほとんど婚礼の式もありませんでした。翌年横井の嗣子時雄を生み、五年ののちみや子を生みました」（『竹崎順子』）と記している。また徳富蘇峰は、「母の姉妹のなかにて、子供心にもその容貌風采が上品にみえたのは横井津世子であつた」（『蘇峰自伝』）と語っており、つせ子のすぐ妹の矢島楫子も、彼女のことを「女らしい人で、しかも敏捷で人の気をみることの早かつたことは驚いたくらゐです」と賞めている。こうしたかしこい女性を迎えたことは、横井家にとって幸いであった。つせ子は小楠にはもちろん、二人の母にもよくつかえ、三人の甥姪・女中もよくいたわった。

嗣子時雄誕生

翌四年十一月男児誕生、又雄（のち時雄）と名づけられた。小楠は安政五年（一八五八）三月越前藩の招きに応じて福井に行くまでの満三年を、沼山津で生活した。すなわち四七歳から五〇歳の春までである。その間小楠の思想は、歳とともにますます円熟の度を加えた。

『小楠堂詩艸』

『小楠堂詩艸』には、四〇歳ごろから五五―六歳まで、つまり小楠の生涯のうちもっとも重大な時期のものが網羅されており、そのなかに「沼山閑居雑詩」がある。そのなかの一つが、共和政治を理想として天皇制を否定するものであると誤解され、さらに他の一つは、小楠がキリスト教を国内に弘めようとするものと早合点されて、のちの奇禍を買う原因となったものである。

問題の詩(一)

人君何ぞ天職なるや、天にかはりて百姓をおさむ。天徳の人にあらざるよりは、何をもつてか天命にかなはん。堯の舜をえらぶ所以、これをまことの大聖となす。迂儒この理にくらく、これをもつて聖人病む。ああ血統を論ずる、これあに天理にしたがふものならんや。

と、政治論である。小楠は共和政治につよい関心をもち、封建的世襲制にはげしい抵抗を感じていたことは事実である。しかし良心的な儒者としては当りまえのことにすぎぬこの議論、ああ血統を論ずる云々が、勤王論者のがわからする小楠攻撃の論拠にされたのである。これを現実の問題にたいする批判だとすれば、安政四年の将軍継嗣問題、すなわち英明な一橋慶喜をえらぶか血縁の近い徳川慶福（紀州、家茂）にするか、そして結局慶福に決定した事件と関連するものであろう。小楠はむろん慶喜擁立派であったから。

つぎにキリスト教に関する問題。

西洋に正教あり、洋人みづから正教と称す。その教上帝にもとづく。戒律をもつて人をみちびき、善をすすめ悪戻をこらす。上下これを信奉し、教によつて法制を立て、治・教相離るることなし。これをもつて人奮励するなり。……われに三教ありといへども、人心つながるところなし。神仏ややもすれば荒唐に、儒また文芸におち、政道・教法にあづからず、瞶々その弊をみる。

思想論である。かれは西洋文化とくに、キリスト教にたいして異常な関心をもっていた。儒教の天道とむすびつけて考えていたのであろう。日本の宗教としては、神仏とくに神道にたいして批判的で、儒教を高く評価しているが、現実の問題としては、儒教が文芸に堕して政治思想たりえないことを歎いている。

第五　越前藩の最高顧問

一　越前藩の懇請

小楠の思想福井を風靡

横井小楠の名が越前藩に知られたのは、嘉永二年（一八四九）のことであった。この年越前藩士三寺三作は藩命によって諸国を遊歴したが、そのとき熊本にも立ちよって、小楠塾にとどまること二旬、十一月十日帰国の途についたが、かれが帰国してから小楠の名は福井においてクローズ＝アップされた。ついで四年二月十八日、小楠は熊本を出発して北九州・山陽道・畿内・南海道・東海道・北陸道の二十四藩を遊歴して八月二十一日熊本に帰着したが、このとき六月十二日から二十一日までの十日間と、九月六日から二十一日までの約半月、都合二十六日のあいだ福井に滞在して賓客としての待遇をうけ、多数の藩士がその講筵に列した。こうして小楠の思想は越前藩を風靡しはじめた。そして翌五年、越前藩で藩校創立のことが問題になると、さっそく小楠に諮問するという傾倒ぶりであった。したがって越前藩士との往復書翰も多かったようで、現存するものについてみても、

嘉永三年	三寺三作あて（以下同じ）	一通
四年	吉田悌蔵・岡田準介	三通
五年	吉田悌蔵・岡田準介・野村淵蔵	九通
六年	吉田悌蔵・岡田準介・伴圭左衛門・鈴木主税	九通
安政一年	吉田悌蔵・岡田準介	四通
三年	吉田悌蔵・村田巳三郎	二通
四年	村田巳三郎	一通

などがある。

春嶽顧問を物色す

大名の心構えを述ぶ

教学の現状を憂う

越前藩主松平春嶽（しゅんがく）（慶永）は、外国の艦船がしきりに来航し国内の人心が動揺していることを憂慮して、たびたび幕府に建言するいっぽう、越前領内の海防と兵備に心をくだき、適切な助言者をもとめていた。ところで春嶽は、小楠と面識こそなかったが、藩士を通じてその学識は早くから承知していた。たまたま安政三年（一八五六）十二月二十一日づけ村田氏寿（うじひさ）にだした小楠の書翰を見るにおよんで、かれこそ自分のもとめていた器（うつわ）であることを確信したという。小楠招聘の媒介となったその手紙のなかには、大名の心構えとして「深く三代の道に達し、あきらかに今日の事情に通じ、綱領条目・巨細分明の大経綸これある大有識の君相（くんしょう）にてましまさずして、いかでこの落日を挽廻（ばんかい）したまふべきや。和漢にて明君賢相ととなへ候くらゐの人にては、中興の治はでき申すまじき時運かと存じ候へば、遺憾かぎりなく存じ奉り候」と。また教学の現状を、「わが皇国これまで大道のおしへ地をはらつてこれなく、一国三教の形御座候へども、聖人の道は例の学者のもてあそびものと相成り、神道はまったく荒唐無経（ママ）、いささかの条理もこれなく、仏は愚夫・愚婦をあざむくのみにして、その実は貴賤上下に通じ信心の大道いささかもつてこれなく、一国をあげてまったく無宗旨の国躰にて候へば、何をもつて人心を一致せしめ、治教をほどこし申すべきや。方今第一義のうれふべきところは、万弊万害いづれもさておき、ここのところにこれあるべく候」としている。春嶽はこの卓見に魅せられたのである。

小楠招請の使者を出す

かくて安政四年（一八五七）三月七日、春嶽は招請の意向を直接小楠に伝えさせるため、明道館訓導村田氏寿を沼山津につかわした。そのとき春嶽が村田にあたえた指示は、

公辺の御ために尽力いたし候覚悟にて、日夜心配いたし候へども、いづれも重大の事件にこれあるについては、相談の人物にことを闕き候ては、趣意・覚悟も、成就貫徹おぼつかなき儀と深く憂慮いたしおり候ところ、肥後横井

平四郎、その方かねて心安くいたし候よし、その人となりのことは此方にも毎々ききおよび、承知いたしをり候ところ、先日同人よりその方への来書、家老よりさし出し候につき篤と披見いたし候。その見識・学力はこれまで聞きおよびたるよりも感心いたすべきことに覚ふ。かやうの人物を相談人にたのみ候てこそ、はじめて念願も成就いたすべく、これにより平四郎この表へまいりくれ候やういたしたく……(『氏寿履歴書』)

と。春嶽の期待のほどが察せられる。

村田、沼山津に向う

五月十二日熊本についた村田は、まず長岡監物をたずねて協力かたを申し入れた。ところが、すでに絶交したと聞かされ大いに落胆したが、招聘の手つづきなどについてその意見をきき、沼山津にむかった。小楠にあった村田は、さっそく春嶽の意向をつたえ、その後数日滞在して、小楠の講義をきくかたわら、諸般の事情を調査し、またいろいろの人にも会った。そのときのことはかれの『関西巡遊記』に詳しい。村田は七月十四日福井に帰着した。

越前藩小楠を懇望

村田の報告が江戸に達すると、春嶽は早速八月十二日、細川斉護（在熊本）あてに小楠を藩校教授に招聘したい希望を申しおくるとともに、同日みずから江戸竜ノ口の肥後藩邸に家老溝口蔵人をたずねた。たまたま溝口は不在だったので、かれは斉護夫人（春嶽夫人の母）に会って小楠招聘のことをたのみ、さらに翌十三日には参政中根靱負に書面をもたせて、溝口にその意向を伝えた。十四日溝口は越前藩邸をたずね、春嶽にあって小楠の人物を説明した、「ずいぶん小気象もこれあり候へども、とにかくくせ者故、しきりに他人と取りあひ絶交などつかまつり、はなはだもつて困り入り申し候。この節も長監（長岡監物）と異論相はじめをり候よし。

表面的な辞退理由

右やうの者御承知なく御請待に相成り、後日不都合のことなど出来候ては、御大切の御先がらさま故、はなはだもつて当惑に存じ奉り候」と辞退した。これにたいして春嶽は、「平（小楠）のくせは、かねがね承りおよびをり申し候。段々存じつきのところは懇厚感じいり候へども、なにぶん当時ははなはだ教官乏少、手つかへに候間、ぜひぜひ御借り受け申したく、後日不都合などのこと、御手前にはすこしも御心配これなく」と答えている。肥後藩では、自藩においてさえ登用しない〝くせもの〟を他藩に推薦するなど以ってのほか、ましてや春嶽は藩主の姻戚、後日めんどうでも起こしたら申しわけない、というのが表面的な辞退理由であった。しかし実際は、小楠に好意的でない江戸肥後藩邸の口実にすぎぬ。藩邸の責任者溝口蔵人は、さきに天保十一年（一八四〇）とるにたらぬ酒失を口実に、小楠に帰国命令をだした人物である。小楠を危険人物視こそすれ、いささかの好意ももち合わせてはいない。さらに藩内で用いられぬ小楠が、越前で肥後藩のことについて何かとあしざまに言うかも知れぬと懸念して、「平四郎儀、もとよりそれほどの見識これあるべき様もこれなく、第一学流のうちには、弊害を生じ候ていの儀もこれあり、御政事すぢについても、不安意のすぢこれあるところより、御国もとにおいてすら選用つかまつらざる人物」と宣伝した。十一月十七日藩主から春嶽あての返書が届くと、溝口はまず使いの者にとどけさせておき、後刻自分も越前藩邸に中根をたずねて、小楠招聘をことわった理由をこまごまと述べた。

肥後藩主脳の小楠評

それによると、①小楠の人物は信頼しがたいこと。②藩学にたいして反旗をひるがえし、異説（実学）をとなえてやたらと藩政を批判すること。③その門人に城下士はすくなく、郷士が多いこと。以上のような人物であるから、肥後藩においてさえ登用しない、というのであった。とくに問題点は②で、「平四郎儀は、別に一見をたて候や、門人時習館にも出席いたし申さず。とかく何ごとも当今のありさまに引きつけ、恐れながら、将軍はかやう、列藩のうち何方はかやう、自国の政治・人物かやう左様と申すかたちにて相となへ候ところより、門下の諸生しぜんと党をむすび候やうなりゆき」と、実学者小楠の辛辣（しんらつ）な政治批判が、ことなかれ主義の肥後藩主脳部の神経にさわっていたことがわかる。

春嶽の熱意に折れる

肥後藩の辞退申し出にたいして、聡明な春嶽は決してそのまま引きさがりはしなかった。十二月二十五日、ふたたび藩主斉護に書をおくって小楠を懇請した。ことここに至っては、肥後藩としても拒絶のしようがない。しいて断われば春嶽の面子をつぶすことになると考えた斉護は、ついに小楠招聘の申し入れを承諾し、翌安政五年三月十七日、溝口に命じて越前藩邸にその旨を伝達させた。

二　松平春嶽の賓師

小楠（五〇歳）は晴れて越前藩に迎えられることになった。自藩には容れられず、城外の寒村に蟄居していた老書生が、雄藩の賓師として迎えられる、こうした事例は少ない。越前藩士村田氏寿が橋本左内にだした書状に、「かやうのこと、わが国邦にめづらしく、（米沢公・列公ぐらいあり、）御国古今の美談と存じたてまつり候」と書いているように、池田光政における熊沢蕃山と、上杉鷹山における細井平洲ぐらいのものであろう。在府中の春嶽は国許の家老に、小楠の処遇についてこまごまと指示を申し送った。「横井平四郎出福到着のうへは、早々賓師の位を相さだめ、政事上までも相談申すやうに相成り候ては、かへってこと軽浅にいで、しかるべからず候。これにより存じ候は、義理上の研究、人材教育の筋などよりおひおひ議論いたし、こころみ候はゞ、学術の臧否・用捨のしだい分明相成るべく候へば、そのうへにていよいよ望みの人物に相違これなく候はゞ、おひおひ賓師の位相さだめ、国政向き相談におよび候はこびにもこれあるべく候」と。つまり賓師として迎えたが、到着早々から国政向きのことまで相談するのは軽きに失する、期待にたがわぬ人物であることを見きわめたうえで、政治上のことを相談するように、というのである。さすがに春嶽、用意周到である。

福井に向け熊本を出発

福井で諸準備がすすんでいるうち、三月十三日小楠は熊本を出発した。京都につくと、村田氏寿からの連絡によってその入洛をまちわびていた橋本左内と面会、二泊して、越前藩内の事情、福井到着後のことなど種々話しあった。四月七日福井に到着した小楠は、城内三の丸にあたらしく設けられた客館にはいった。

五十人扶持

越前藩における小楠の待遇は五十人扶持であった。居館には熊本からつれてきた門生河瀬典次・池辺亀三郎も同居し、雑役に従事する者数名がつけられ、その他日常の世話役として平瀬儀作・南部彦助の両人が、たえず来館して何かと面倒をみた。小楠が福井につくと、まちかまえていた来訪者がぞくぞくとつめかけ、それらとの面接、明道館への出講・会読など寸暇もないありさまであった。四月

越前藩士小楠に敬服

十二日づけ越前藩士長谷部甚平が在京の橋本左内にあてた書翰には、「横先生はじめて対面、ききしにまさる大物、その議論たるや光(公)明正大、しきりに天地経綸の道理を主張これあり、和せずしては則ち国を存するあたはず、あるひは貿易の利害分明釈然、あるひは大いに戦艦をつくるには彼の船軍総督および船工を来し、闔国(こうこく)合力五年を待たずして、船数あげてかぞふべし。訓兵練熟はじめてもちふべ

し。かくの如くあらずんば則ち士気ふるひ立つべからず云々。その余、事実につきて理をきはむるの議論一々明快、じつにわが党の先鞭を得候こと、この上もなき大慶」と記している。越前藩第一の人材、才力敏鋭、論談人を圧しなかなかむつかしき男、と小楠が評した長谷部にして然り、越前藩士がいかに小楠に敬服したか、およそ推察がつくというものである。小楠は、四月十一日づけ橋本左内にだした手紙のなかに、「小生今般は非常の御とり扱ひにて、ありがたく内深(マヽ)痛心つかまつり候」と厚く感謝の意を表しているが、それにも増して小楠を感激させたのは、四月二十五日づけの春嶽の手紙であった。それには、

そもそも風化の根元は小子一身にとどまりをり、ことさらこの澆世(ぎょうせい)にあたつて光明(公)正大の至道を推明いたしたき懇願に候へば、第一われにおいて詳明講究すべきは実に緊急の義、ことに不肖の学は師伝なく、いまだ適従(てきじゅう)を知らず候へば、賢達の啓沃(けいよく)誘導をひとへにまち候情願(じょうがん)、魚水にひとしく、遠から

ず帰封謦咳（けいがい）に接し、明教にあづかるべく中心喜悦のところ、今般滞府を命ぜられ心算齟齬（そご）、遺憾ただならず候。よつてすみやかに賢者の東行を乞ひ、且暮卓論を親炙（しんしゃ）うけたまはりたく存じ候へども、この儀はよんどころなき嫌疑もこれあり候につき、断決いたしかね申し候。

と記されていた。小楠が毎日登館して指導にあたったため、明道館の学風もあらたまり、小楠に傾倒する藩士の数も日を追って多くなった。

春嶽隠居謹慎を命ぜらる

いっぽうアメリカとの条約の違勅調印、将軍継嗣問題などについて、幕府当路と意見をことにしていた春嶽は、水戸の徳川斉昭・慶篤父子および尾張の徳川慶恕（よしくみ）とともに、六月二十四日登城して反対意見をのべた。そしてそのさい斉昭は、春嶽を大老に推挙したが、幕府はこれを不穏な行動であるとして、七月七日斉昭・慶恕・春嶽の三人に隠居謹慎を命じ、越前藩主にはあらたに支族の松平茂昭を任命した。この一件に関する江戸表からの報告書は、飛脚によって七月十五日夕刻

事変に処する小楠の態度

福井にとどけられ、藩庁首脳部は時をうつさず評議をこらした。かくて翌未明には藩士をあつめてそのことを報告し、このさい藩内に混乱がおこらないようくれぐれも注意した。いっぽう村田氏寿と長谷部甚平の二人は、その夜のうちに小楠を居館にたずねて事変を知らせるとともに、是非このまま福井にとどまって指導してくれるようにと懇願した。そのとき小楠は、その請を容れて、動揺している藩士の激励に努力することを約束している。村田氏寿は翌十七日、京都にいる橋本左内に長文の手紙をしたためて、小楠の態度や意見について申しおくった。

横井先生つつがなし。今般のこと、即夜暁七つ時のころ、長谷(部)と両人まゐり、御用書御書き下げ写し持参、見せる。先生すでに承知。宵より愁然として寝られず、暁に達しなほ残燈を守りてをらる。しかるところ、先生いはく、天下の大閉塞を解くには、また必らず大艱難に逢ひ候はもとよりこれあること。越藩の御徳は、これよりますます天下に照輝いたすべく存ぜられ候よし。

またいはく、大丈夫死生富貴はこのたび外におき、小丈夫齷齪（あくせく）の見を脱し、これより先へすすむの工夫もつとも肝要なりと。つひに大議論を発せられ、所要の義理をあきらかに、志気をふるひ、その意志おほいに指すところあり、すこぶる懇切にこれあり候。……しかしこの表に滞在のこと、厭はれ候事情はこれなく、失望と申すも、第一の御方様（春嶽）に御逢ひなされがたき次第に相成り候を指すなり。昨日も明道館へいでられ候ところ、重き役輩の面々ばかり出席、館中生徒御大変につき取り締りなど談合の席へ出られ、おほいに衆志をはげまされ、引き立てられ候。その体はなはだ奇特の意志に存じ奉り候。今般のことにつき、よくよく物情鎮静に取り締り候ことは、感心いたされ候。

小楠・春嶽の心情

と。福井にきてわずか三ヵ月、非常事態に処する賓師小楠の言動、実にみごとである。小楠はこの秋にもなれば春嶽に面接できるものと心ひそかに期待していた。

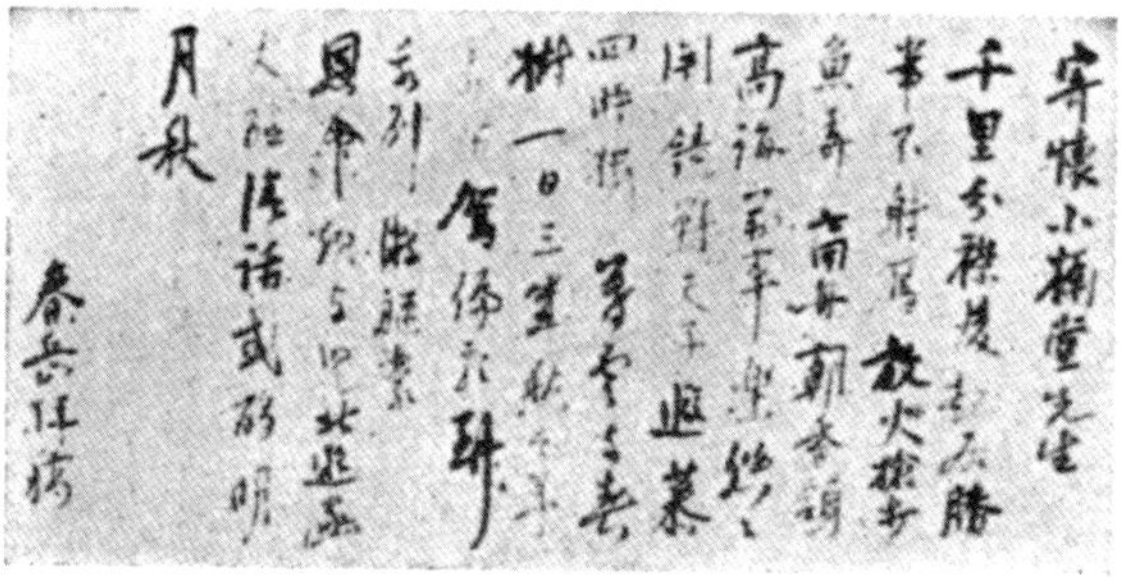

小楠にあてた松平春嶽の詩

しかるに、このような非常事態がおこっては、いつ会えるか見当さえつかなくなった。江戸において春嶽も思いは同じであった。十月十四日霊岸島の邸に閉居した春嶽は、このような大変事にさいしてこそ助言のほしい小楠といつ会えるかもわからぬ心細さに、ぜひ写真を送ってくれるようにと申し送っている。いっぽう福井において、小楠の信望は日をおって加わったが、党派的な根性から、心よからず思う者もまた少なくなかった。

　これよりさき春嶽は天保九年（一八三八）藩主となったが、はじめてのお国入りをするため江戸をはなれるにあたって、かねて傾倒している水戸斉昭をたずね、

保守・革新の対立

藩主としての心構えについて教えを乞うた。そして福井にかえると早速、水戸藩にならって、節倹令をだして奢侈を禁じ、人材を登用するなど一連の藩政改革をおこなった。それらの施策は多く鈴木主税の献策によるもので、当時すでに保守・革新の対立が生じていた。鈴木の歿後は、さらに進歩的な橋本左内の計画によって、明道館を中心に諸改革が着々とすすめられ、それとともに保守派の側からする嫉視もますます強くなった。とくに、福井城下諸流の武道をすべて明道館にあつめたことと、他藩から小楠を賓師として迎え入れたことの二つは、両派の反目をいよいよ深刻なものにした。しかし保守派に人材がいなかったのに対して、

進歩派の人々

進歩派には岡部豊後・本多修理・酒井十之丞・中根靭負・長谷部甚平・村田氏寿・橋本左内・毛受洪・由利公正・佐々木長淳など、そうそうたる人物が多かった。ところで、保守派としても、春嶽の懇望によって招聘された賓師、しかも側近の進歩派に信頼のあつい小楠であってみれば、正面切って排斥することはできず、

いつもかげにまわって中傷・誹謗していた。

弟死去

九月二十三日小楠は、熊本に帰省中の河瀬典次からの手紙をうけとったが、それは思いがけもなく、小楠の弟永嶺仁十郎が、急性流行病で死亡したという訃報であった。小楠はさっそく帰国したい旨を申しでたが、江戸の春嶽に相談したうえ返事をすると、猶予をもとめられた。藩当局はさっそく江戸藩邸に飛脚をだしたが、その書状には、すでに肥後藩に申し入れてある小楠借りうけ期間延長の確約を取ったうえで、小楠の一時帰省の件を交渉するように。逆に一時帰省の件を先にすれば、借りうけ期間延長の件は不成功におわるだろう。至急肥後藩に手堅く交渉するように、としたためられていた。江戸の肥後藩邸では、べつに反対する理由もみつからぬまま、その申し入れを承諾した。

招聘期間延長の交渉

帰省の途につく

安政五年（一八五八）十二月十五日、小楠は竹崎律二郎・河瀬典次の二人をしたがえ、越前藩士由利公正・榊原幸八・平瀬儀八の三人をともなって帰国の途についた。

この旅行について由利公正は、「さて道中で、先生のわれにことさらに注意せられた忘れられぬことがある。宿へつくと一統をよばれて言はるるには、いづれも雪中でつかれたらう、早く食事を仕舞うてぢきに寝るから手配りせよ。おのれは酒は呑まぬと言ひつけられたゆえ、みなみな早々風呂に入り、食事したが、早々寝るべしと言ふことで床に入ると、しばらくして三岡（みつおか）（公正の初姓）と呼ばる。われ前にでれば、曰く、酒を温むべし手配せよと言はれて、それから講習せられて夜半をこえた。大坂にいたるまで毎夜同様のことで随分つかれもしたが、その親切は実に厚いことであった」（『由利公正伝』）というエピソードを記している。由利にたいする小楠の期待のほどを知りうるひとこまである。翌六年一月三日、小楠の一行は沼山津に到着した。同五日小楠は熊本にでて兄嫁の実家不破家に一泊したが、その帰国をまちわびていた元田永孚（えいふ）は、さっそく同家をたずねて、小楠と歓談して一泊、翌六日には自宅に招待したのち、さらに小楠をおくって沼山津にゆき一泊している。元田はこのときの小楠との問答をたんねんに書きしるし、『北越土産』と題して、当時豊後（大分県）久住にいた親友の荻角兵衛に送ったが、それには小楠の福井滞在中の体験・努力・交際・藩内事情などくわしく記されており、福井における小楠の生活を知る絶好の資料である。

『北越土産』

小楠はまず、自分が福井でおこなったことは、べつに新機軸を打出したわけではなく、かねて熊本で同志とともに講習してきたことを、実地に体験したまでのことである、という。つぎに人と応対する場合には、自分の功名心を去り、虚心に人の言をつくさせ、しかるのちに懇談すれば、相談はかならずまとまるものである。また福井では一度も声を荒らげて議論したことはなく、いつも静かに熟談してなにごとも済んだこと。君子と俗流とを区別せず、おのおのその情をつくさせ、公平無私・一視同仁の態度で接したので、ついには人心の一致をみることができた、と言っている。なお、さきの江戸における春嶽の事変前までは、福井藩にとっては順境時代で、自分にとってはむしろ逆境時代であったが、事変後はそれがまったく反対になった、といっているのも興味ぶかい。さらに、着福早々同藩の民衆が君徳には感心しながらも、なぜかその政令には帰服していないという奇現象に着目し、いちはやく改革したため、ついには民心の一致をみた、としている。このあたり、小楠の非凡な為政者的手腕とみるべきであろう。

三　殖産と貿易

再度福井へ

小楠が熊本に帰って、いつのまにか百余日がすぎた。越前藩からの催促によって、藩庁から再度の越前ゆきを申し渡された小楠は、安政六年（一八五九）四月下旬熊本をたち、五月二十日福井に到着した。

この第二回目の福井入りでかれがもっとも精魂を打ちこんだ仕事は、殖産と貿易であった。越前藩においてはすでに安政二－三年から、橋本左内が外国貿易を主張しており、春嶽が安政五年藩士に示した、藩政にかんする「条目」のなかにも、「自国の産物をはじめ、それぞれ富国の処置これありたく云々」と記されている。また由利公正は、これまで越前藩が節倹だけを唯一の富国の策とかんがえてきたのは誤りで、すすんで殖産・貿易によって富国の策を講ずべきであると主張した。いうまでもなくそれは小楠の持論でもあったので、そのご越前藩の殖産・貿易は目ざましい発展をとげ、したがって藩の財力はとみに増大することとなった。

由利公正像

　これよりさき、安政六年三月まで二ヵ月の間小楠塾に滞在した由利公正は、そのご長崎にしばらく滞在して、藩の殖産・貿易にかんする準備のため、外国貿易の現況、および関西方面の物貨の集散状況、その運輸の方法などをつぶさに調査研究するかたわら、長崎に土地一町歩を買入れて越前蔵屋敷を建築し、さらにオランダ商館とのあいだに生糸・醤油その他の貿易契約をとりつけて、五月に帰藩した。

殖産資金調達

さきに小楠とともに九州に出発するさい、由利は勘定奉行長谷部甚平に殖産資金五万両の調達を依頼しておいたのであるが、帰国してみるとまだ準備されていない。気負いこんで帰国しただけに由利は大いに憤慨して長谷部にくってかかり、ついに大評定となったが、小楠の仲裁で切手五万両を増発してそれに当てることになり、円満解決をみた。

藩札の濫觴

こうしていよいよ殖産・貿易を軌道にのせる準備がととのうと、由利はまず商人・年寄の有力者をあつめて、殖産計画の説明をしたが、意外にも、反対の空気がつよかった。そこでかれは各村をまわって大庄屋・年寄・老農などに、その必要性と計画とを説き、ついに物産総会所を設置するところまで漕ぎつけた。

物産総会所設置

安政六年十月下旬、物産総会所が開設されたが、その組織は、資産・名望ともにかね備えた商人を元締とし、藩からは会計を監督する吟味役一人をつけただけで、その運営は商人の自治にまかせられた。ここで取扱う物産は、主として絲・布・苧（あさ）・木綿・蚊帳地・生糸・茶などであったが、由利は生糸がもっとも有利であると考え、もっぱら養蚕を奨励した。その結果、初年度におけるオランダ商館との貿易額は二五万ドル（約百万両）におよんだ。次年度には生糸・醬油の貿易高が増大して六〇万ドルとなり、文久元年（一八六一）の末には、一ヵ年の貿易高じつに三百万両（約七五万ドル）の多きに達した。かくて殖産・貿易は成功をおさめ、藩札は正貨にきりかえられ、藩の金庫には常時五十万両内外の正貨が貯えられているという豪勢さであった。

殖産・貿易成功

殖産・貿易事業が順調にすべりだしたので、由利が、「かかる勢ひをもつて各藩とも歩調を一にし、相ともに進みゆかんか、わが国は数年ならずして世界に雄飛するをうべく、いまやその気運にむかへるをおぼゆ」

と言ったのにたいして、小楠は「天理にかなふものは必ず興る、策智をもちふべからず。時機の一変けだし遠からざらん」と答えたという。越前藩の殖産・貿易事業における殊勲者は由利公正であるが、かれを指導した小楠の功績を忘れてはならぬ。

橋本左内の刑死

安政六年（一八五九）八月十日、小楠は旧友長岡監物の訃報をきいたが、それと前後して、橋本左内が刑場の露と消えたという悲報をうけとった。去年の四月京都で小楠とわかれて江戸に下向した橋本は、春嶽に重用されて国事に奔走するうち、七月、春嶽が水戸斉昭らとともに隠居謹慎を命ぜられるという大事件がおこった。かれは春嶽の冤罪をはらすべく日夜懸命に努力していたが、突然町奉行所に召しだされ、十月二日評定所で糺問のうえ伝馬町の獄舎につながれ、七日死罪が決定、同日処刑された。

橋本の抱負

このとき橋本はわずかに二六歳であった。かれは幕政の大改革を断行して全国的な統一国家を実現し、ヨーロッパの技術を入れて国力を増大し、世界史の舞台に打って出ようという抱負にむかって尽力していたのである。鈴木主税の死後、越前藩の重責はかれの双肩にかかっていただけに、橋本の刑死にたいする春嶽の悲歎はいうまでもなく、由利公正の歎きもまた大きかった。さらに主義・主張をおなじくし、若い橋本の将来に無限の夢を託していた小楠のショックはいうばかりなく、加うるに橋本を失った越前藩にとって、小楠は必要かくべからざる存在となったのである。

一同の悲歎

こうしたとき十二月はじめ、熊本の門弟矢島源助が突然やってきた。小楠の老母の病気が重いという知らせである。存命中にぜひあいたいと考えた小楠は、さっそく藩庁にねがいでて諒解をえ、五日福井をたち道中をいそいで十八日沼山津についたが、すでに母は不帰の人となっていた。

母の病死

四　国是三論

三回目の福井入り

翌安政七年（一八六〇）二月、小楠は熊本をたって第三回目の福井入りをしたが、それと前後して越前一七代藩主茂昭（もちあき）がお国入りをした。それで小楠ははからずも、春嶽よりもはやく茂昭に会う機会をもったわけである。四月十九日づけ自宅あての書面に「ただただ日夜多用のうへ来客おびただしく、なかなか困り入り申し候」と、藩主への進講、学館での講義、藩政への助言、来客の面接などで寸暇もない多忙さが記されている。越前藩重臣間の反目は小楠の努力によっていくぶん緩和されたとはいえ、まだまだ保守・進歩両党間の軋轢（あつれき）ははげしかった。こうした藩内の情勢を打開するためには、挙藩一致して邁進すべき目標となる藩の主義

国是三論

方針を打ちだすことが先決であると考えた小楠は、藩の大綱三条を議定した。それは、富国・強兵・士道の三つからなっている。

富国論

まず富国論においては、藩庁は財用を給して、士と民とを問わず遊手徒食するものなきよう心がけ、生産を奨励してかれらを富ませることが急務である、としてその具体的方法を示している。そしてその実功が挙って藩庁の財政が豊かになった場合は、「その富を群黎（ぐんれい）に散じ、窮をすくひ孤をいつくしみ、刑罰をはぶき、税斂（ぜいれん）をうすうし、教ゆるに孝悌の義をもってすべき」である。「いまや天徳にのつとり、聖教により、万国の情状をさつし、利用更生大いに経綸のみちをひらいて政教を一新し、富国強兵ひとへに外国のあなどりをふせがんと欲す」というのである。

強兵論

強兵論においては、航海がひらけ四海みな隣国となった現在、世界を相手に戦争する場合のあることを覚悟しなければならぬ。したがってもはや海軍以外に強兵の術はない。もし幕府が海軍を制定するならば、欧米諸国といえども恐るるに足らぬ。しかし現在まだ幕府にそれだけの明がないが、きたるべき日に備えてわが藩では、青少年を訓練しておくことが必要である。まず船で他国に往来して見聞をひろめ、あるいは怒濤の海で、一船みな心をあわせて艱難とたたかい、たがいに助けあいはげましあい、荒海をみること平地のごとく訓練しておけば、一旦幕令が発布されたあかつきには、必ずや役に立つであろう、としている。

さいごに士道論においては、文と武とはもとより武士の職分で、道をおさめる要領である。ところが現在、文・武ともにいたずらに技術のすえにとらわれて、文芸といい武術といっている。学者は武をいやしみ、迂闊でしかも粗暴用いるに足らぬといい、武人はまた学者を冷笑して、高慢でしかも柔弱、なにごとにも堪ええぬとあざわらい、たがいに自己陶酔の偏見にとらわれている。双方とも文武本来の精神を見わすれているといわねばならぬ。文武の修業は、古くは心におこって術にこころみるというのであったが、現在では術にすがって心をおさめようとしている。このように根本的な考え方があやまっている以上、治教に益のないことは言うまでもない。もともと治教は三代（堯・舜・禹）を目標とせねばならぬ。すなわち人君は慈愛恭倹・公明正大の心をもち、倫理により至誠をもって臣僚をひきい、人民をおさめる。また執政大夫はこの人君の心を躰して、艱難にたえ、誠心誠意、身をもって衆にさき立ち、人君の精神を実行する。諸有司もまた君相の意をうけて忠誠をささげ、滅私奉公して下をおさめる。これこそまことの文、まことの武の治教で、人材もまたここから輩出するであろう、というのである。

江戸と福井の行違い事件

国是三論の具体化が藩の執政有司のあいだで講究されているうち、七月小楠は重い瘧（おこり）にかかってひどく衰弱し、十月に入ってようやく回復したが、ちょうどそのころ江戸表と福井とのあいだに、重大な行き違い事件がおこった。それは万延元年（一八六〇）江戸からの飛脚が福井についたことにはじまる。これよりさき福井において評議し、茂昭も承認した役替の次第を江戸の春嶽に報告したのであるが、これに対して春嶽は、取捨選択した指図書を福井に届けさせたのである。藩家老たちは、これは中根の内訴にちがいないと憤慨し、かねての言動からして小楠も中根と同腹であろうと嫌疑をかけ、十五日夜家老ら五人は、小楠の居館におしかけて詰問した。いっぽうこれを受けた小楠は、かれらの蒙をひらくのはこの時とばかり、かれらの春嶽にたいする従来の態度は、決して衷心から主を思う道ではないことを諄々と説ききかせた。かれらは大いに自分らの非をさとり、代表を出府させて年来の非礼を春嶽に陳謝しようということになった。小楠は大いによろこびかつ安堵して、「国家万安の基本も相立つべきにて、近来おいおい講究相成り候国是三論の儀も申しあげ、尊慮うかがひとり申すべく候。そこにて真の国是も相立つべし」と、かれらとともに祝杯をあげた。かくて執政松平主馬と目付千本藤左衛門の二人は、代表として春嶽にこれまでの行きちがいの事情を報告し、あわせて陳謝するため、十一月四日出府の途についた。

主を思うの道を説く

事件円満解決

江戸表においては、重役らの誠意が春嶽に通じて万事都合よくはこび、十二月二十五日松平・千本の両名は福井に帰ってきた。そのときの喜びを小楠は郷里の親友荻角兵衛（昌国）と元田永孚あての書状に「ここもと君公はじめ執政諸有司すべて一致いたし、はじめて国是といふもの相立ち申し候。小生まかり越してより年は四年にいたり、去る初冬までは人心おのおのに分派いたし、陰険智術におちいり候を主として心配いたし候ところ、当夏いらいやうやう開明、おのおの心術のうへに心をつくし候いきほひにて、つひに十月十五日大議論と相成り、十分の地位におしつめ候ところ、（この次第は筆にはつくされず候）昼夜のごとく打ちかはり、執政はじめことごとく落涙にむせび、十分の開明と相成り申し候」（文久元年正月四日付）と記している。小楠は、これでこそ福井にきた甲斐があった、と心ひそかに満足したことであろう。

高杉晋作来訪

これよりさき万延元年十一月、長州藩士高杉晋作（一八三九～六七）が来訪した。高杉は吉田松陰の門弟で、久坂玄瑞とともにその俊秀をうたわれた人物である。かれの日記『試撃行日譜』のなかに、「予この行、もと奇人・偉士をさぐるをもつて主となす。その人を誰となす。笠間の加藤有隣・信州の作（佐）久間象山・越前の横井平四郎・安芸の吉村秋陽なり」とみえ、小楠訪問は東国遊歴のおもな目的の一つであった。かれはそのとき、小楠の人物・識見によほど敬服したようで、久坂玄瑞によせた書中に、「横井なかなかの英物、一ありて二なしの士と存じ奉り候」と記しており、翌文久元年九月には、小楠を学頭兼兵制相談役として長州藩に招聘したいという意見を述べている。すなわち「文久元年酉（とり）九月二十八日。国のもと、学校・学政一致は学校の学校たるゆえん故、学校の学長すべからくその人をえらぶべし。肥後隠士横井平四郎、じつに熊沢了（蕃）海（介）（山）にもゆづらぬ人物ゆえ、まづこの人を用いて国の基本をおこすべし。しかればすなはち諸政事これにしたがつて挙がるなり。横井平四郎、学頭兼御兵制の御相談これあり候こと」と。小楠は自分が私淑傾倒している熊沢蕃山にもおとらぬ人物である、と推奨している。

小楠に敬服

蕃山にも劣らぬ人物と推称

春嶽、小楠出府を申し入れる

ところで、さきの行違い事件解決のさいの、小楠の努力とその手腕に心服した春嶽は、小楠にあいたい思いをさらにつよめ、小楠出府の承諾を肥後藩に申し入れて承認をえた。またさきに出府した松平・千本帰藩のさいにも、春嶽は自分の意志を十分小楠に伝えるようにと伝言した。安政五年（一八五八）四月小楠が越前藩の賓師として第一回の福井入りをした数日後は、ちょうど春嶽も帰国順年にあたっていたので、小楠の指導によって藩政を大改革し、大いに経綸をおこなおうと心をはずませていた。ところが幕命によって滞府を申し渡され、あまつさえ七月には隠居謹慎を命ぜられるという事件がおきてしまった。せめて写真なりともと小楠に懇望した春嶽は、機会あるごとにその出府をすすめ、「紀の海の鯛引きあみの一目だに、はやくも見まくほしき君かな」の和歌を書きおくるなど、小楠にたいする春嶽の思慕はなみなみならぬものがあった。それだけにこんどの出府にたいする喜びと期待は大きかった。小楠もまた思いは同じであったろう。

小楠いよいよ出府

春嶽の手記『霊巌掌記』によれば、小楠は三月二十四日福井を立ち、四月なかばに江戸についている。それから間もない四月十九日づけ小楠の手紙には、「中将様（春嶽）へは日夜まかりいで、さまざま御はなし合ひのうち、もつとも学術の要領至極に御了会なされ、御父子様ならびに執政御一座のおはなし合ひもすでに四度におよび、毎々九つ（正午）ごろより暮に入り、父子・君臣まことに家人の寄り合ひのごとくにこれあり、面白き成行きに御座候。小拙へはあまり御手あつき御あひしらい（ママ）、御父子様ともにつぎの間まで御送迎、かつ痛足のことも御承知にて、しとねを敷き候やう御せつけられ、ひとへに御ことはりに及び候へども、御聞入れに相成り申さず、御自身様御立ちなされ候間、いたしかた御座なくその通りにいたし候。まことに心痛のことどもに御座候」（横井牛右衛門あて）と、春嶽父子の優待ぶりを記している。

春嶽父子の優遇

また『霊巌掌記』の文久三年（一八六三）の部には、「道しある国となりにしうれしさは、君がまさしく功（いさお）なりけり」と、小楠に送った一首がしるされ

政治上の諮問にも応える

ている。小楠もまた春嶽父子の誠意にこたえて、単に学問上のことだけでなく、政治上の諮問にも応じた。そのことについて中根靱負（ゆきえ）は、

文久元年辛酉（しんゆう）四月、御国もとへまかりいでおり候横井平四郎御招待にて、経義および心法・経済の学を御講習なされ、八月にいたりて御いとまくだされたり。平四郎……卓絶の学識ありて古人の糟粕（そうはく）をなめず、警惺（けいせい）議論ことに人の意表にいづ。公にもかねて御景慕をましまし御ことゆえ、すべて師賓（しひん）の礼をもつて御待接（たいせつ）あり。御学事御講究の御会日には当公も入らせられ、御役人どもも御用ひまのものは陪聴を命ぜられしなり。（『奉答紀事』）

と記している。

五　榜示犯禁

かねて懐郷の念を禁じえなかった小楠は、八月に入ると春嶽・茂昭にねがって

許可をえ、十五日江戸をたって一旦福井に帰り、用務を一応かたづけて十月五日西下の途につき、十九日沼山津に帰着した。小楠にとってじつに一年半ぶりの帰国である。夢寐にもわすれなかった家族と、久しぶりに一緒に生活できるよろこびはいかばかりであったろう。しかし、いつも小楠の帰りを心から待ってくれる元田永孚が、こんどは出府しており、さらに荻角兵衛も城下にいない。在府中に観察した天下の大勢を大いに語る友のいないことは、小楠にとって一沫のさびしさであった。しかし待ちこがれていた門生たちは大よろこびで小楠を迎え、その講義をむさぼるように聴いた。また福井からついてきた門生たちも、小楠堂に寄宿して講義をきき、各地を見学するなどした。小楠にとってあいかわらず多忙な毎日であった。そうしたある日、小楠は近くの熊野宮に好きな狩猟にでかけたが、たまたま榜示犯禁の失策を演じてしまった。つまり沼山津一帯の田圃には雁・鴨などがおおく飛来するので、藩主の放鷹地に指定されていた。小楠は村はず

門生小楠堂にみつ

榜示犯禁

れの往還で発砲し、弾丸は命中しなかったが、禁猟区のなかだというわけで榜示横目にみとがめられたのである。榜示犯禁は現在の軽犯罪に相当するものであるが、案外にも面倒な事件となり、処分が決定するまでには数ヵ月もかかった。しかし結局たいした咎めもなく済んだのは幸いであった。

荻の自殺

明けて文久二年正月十八日、時習館時代からの同志で、兄弟もただならぬ仲の荻角兵衛が、任地久住において自殺した。親友三人組だった小楠と元田の、痛惜と落胆は大きかった。有為の人材であった荻もついに不遇な生涯を終えたが、自殺の原因はあきらかにされていない。

肥後に勤王運動抬頭

いっぽう小楠が熊本に帰ってまもないころから、九州には討幕の声があがり、肥後勤王同志のあいだにも、そのきざしがみえはじめた。もともと肥後の勤王運動は、文久元年十二月二日に清川八郎・伊牟田尚平・安積五郎が勤王遊説にきて同志と倒幕について話しあったことにはじまり、これに刺戟された宮部鼎蔵と松村深蔵が、京都を視察して翌年二月帰熊してから急にその勢いをました。かれらは薩摩藩の立派な態度に比して、肥後藩の煮えきらぬ態度を憤慨し、いそぎ藩論をまとめるべきであると主張、国老にあって他藩におくれをとるべきでないことを力説し、血気にはやる青年の脱藩するものさえあいついだ。こうしたおりもおり三月二十三日、薩摩の島津久光はすでに訓練した精兵五百をひきいて、上京するため威風堂々熊本を通過した。これをみた肥後勤王党の同志が切歯扼腕したことはいうまでもない。そして七月下旬、公武周旋にかんする内勅が藩主細川慶順につたえられると、勤王同志のうごきはとみに活発となり、十月に入ると長岡護美（藩主の弟）は勤王同志をひきいて上京した。入洛した護美の活動によって、それまで各藩に疎外視されていた肥後藩は、にわかに勤王党として重きをなすこととなった。これら勤王党の面々は、かつては小楠とともに尊王攘夷をとなえた同志であり、そのご開国論に転向した小楠を敵視さえしていたが、小楠はつねにかれら

薩摩の精兵熊本を通過

肥後公子勤王党を率いて上京

の勤王運動の経過について、細心の注意をおこたらなかった。そして勤王同志の運動がますます燃えさかるのを見て、小楠堂にきていた越前の門生を帰して、九州の情勢を報告させた。

第六　幕府の最高顧問

一　政事総裁松平春嶽

四たび招聘に応じて

越前藩においては天下の大勢にかんがみて、一日も早く小楠に帰福してほしいと肥後藩庁に督促していた。榜示(ぼうじ)犯禁にたいする処分もそれをことわるほどの理由にはならぬので、肥後藩は承諾した。さっそく小楠出迎えの命をうけた由利公正は、文久二年（一八六二）四月二十日福井をたって五月熊本につき、小楠は六月十日ごろ熊本を出発したようである。このときの随行者は由利のほか、小楠の甥大平と門下生の内藤泰吉、若党の広田彦蔵と僕の浅吉、それに沼山津(ぬやまづ)の百姓只助と清九郎であった。ところが、一行が敦賀の七里ほど手前の疋田駅につくと、そこには思いがけなく春嶽からの急使がまちうけていた。すなわち、このまま江戸に直行するようにというのである。かくて小楠は江戸に急行したが、それには、つぎのような事情があった。つまり六月七日勅使大原重徳と差副島津久光を迎えた幕府、そして春嶽は、窮地においこまれていたのである。

勅使東下

いわゆる三事策

　これよりさき幕府は京都の意向を察して、勅使が到着するまえ四月二十五日に、徳川慶勝（尾張）・一橋慶喜・松平春嶽らにたいして、さきの事件の赦免を申し渡した。とくに春嶽には政務に参与するよう命じた。このとき勅使がもたらした朝廷の命令というのは、第一、将軍は大小名をひきいて上洛し、国家をおさめ夷戎をはらうことを議すべし。第二、沿海の大藩五国の藩主すなわち伊達・島津・山内・前田・毛利を五大老として国政を諮決し、夷戎防禦の処置を講ぜしめること。第三、一橋慶喜は将軍をたすけ、松平春嶽を大老職に任ずること、以上の三つであった。このうち第一は長州藩が、第二は公卿が、第三は薩摩藩が、それぞれ主張するところであった。勅使大原は、第三の策を問題の中心としたようである。

折衝難航す

幕府との折衝は難航をきわめ、勅使をはじめ薩摩藩はしびれをきらし、大久保利通のごときは、幕府が万一にも勅旨を奉ぜぬ場合は直接行動に及ぶとおどし、六月二十九日には大原重徳が決死の覚悟で登城するという場面もあった。こうした一連の示威運動が効を奏して、七月一日将軍家茂（いえもち）は、一橋慶喜および松平春嶽を登庸する旨を勅使に返答した。これよりさき春嶽は登城しないばかりか、六月二十三日には辞任の内願を提出した。そのご島津久光らの懇請で政務参与の辞意だけは引っこめたが、なお病気と称して登城せず、政治総裁職就任の内命にたいしても承諾をあたえなかった。

春嶽、命に応ぜず

このような状勢において春嶽は、帰福途中の小楠に急使を差し立てたのである。これよりさき春嶽が四たび小楠を招請したのは、政務参与となるについて強力な助言者がほしかったからであるが、いまは事情がかわって、春嶽自身の進退をきめるために小楠の助言が必要だったのである。

小楠着府

急行した小楠は七月六日霊岸島の越前藩邸についたが、翌七日春嶽は小楠を招いてこれまでのいきさつを話し、その意見をもとめた。もともと春嶽の持論は、真の公武一和であった。しかし現在のような因循姑息な老中では、その経綸をおこないうべくもないと考えて、総裁職就任を承知しなかったのである。

春嶽に就任を勧告

これにたいして小楠は、この非常時局にさいしては、とにかく出勤したうえで幕府の非政を改めるよう努力すべきであろう、と進言し、春嶽は小楠の意見をいれて総裁職就任を決意した。

幕府に三件を建策

そこで小楠は翌八日、側用人の中根靭負と同道、幕府に大久保一翁をたずねてそのことを伝えるとともに、つぎの三つのことを建策した。すなわち、①大名の参勤をあらためて述職にかえること（述職とは大名が登城して、将軍に領内の政務にかんして報告することをいう）、②大名の妻子を国もとにかえすこと、③大名の固場を免ずべきこと、以上の三件

参勤交代の改革を建言

である。当時武士の困窮、諸国の疲弊は目にあまるものがあったが、その主な理由は参勤交代のための出費によるものであった。そこでこれを大改革して大名の窮乏を救い、あわせて国力を涵養することが第一の急務であった。しかし参勤交代の制度はもともと大名統御の大本であって、これを改めることは幕府の基礎をゆるがす大事であると考えられていた。それで小楠の建言にたいしても、大久保一翁は頑として応ずる色がなかった。小楠はかさねて、もし諸

松平春嶽像

大名が勝手に妻子を国もとに帰すとして、幕府は一体これを止める力があるのか、とつめよった。当時幕威は地におち、万一諸大名が反抗するようなことがあっても、それを制する実力はもちろんない。しかも小楠の意見は、参勤の制度を全廃すれば新たな弊害を生ずるおそれがあるので述職に代(か)える、そうすれば幕府の威信は諸大名に貫徹するというのである。大久保もついに小楠の穏健な議論に感服せざるをえなかった。かくて春嶽登城の準備工作は都合よくすすみ、七月九日春嶽は登城して政事総裁職を受諾し、六月七日勅使の下向いらいもみにもんだ慶喜と春嶽の登庸問題は、ここにようやく一段落をつげた。小楠江戸到着後わずかに三ー四日、かくもみごとに天下の大問題を解決したその政治力は、高く評価さるべきであろう。

慶喜・春嶽の登庸問題解決

二　幕政の改革

松平春嶽はいよいよ、幕府政治の事実上の最高責任者となった。かれは、幕府が現在の時局に処する道は、天下万民のための政治をおこなうことであると考え、まずそのことについて将軍はじめ慶喜・老中などの同意をえた。このとき春嶽が手にした幕政改革の切り札こそ、小楠の構想になる「国是七条」であった（巻頭口絵参照）のである。すなわち、

「国是七条」

一、大将軍上洛して列世の無礼を謝せよ。
一、諸侯の参勤を止めて述職となせ。
一、諸侯の室家を帰せ。
一、外藩・譜代にかぎらず賢をえらびて政官となせ。
一、大いに言路をひらき天下とともに公共の政をなせ。

一、海軍をおこし兵威を強くせよ。

一、相対(あいたい)交易を止めて官交易となせ。

である。この「国是七条」には時日の明記がないが、おそらく春嶽が政事総裁職を受諾した日か、その直後ごろに提出したものであろうとされている。なお小楠自筆の草稿には、このほかに「金銀銅座を廃し、貨幣を公にせよ」「天下の金鉱を開け」の二条があり、それぞれに傍線が引かれている。しかしこの二条を加えれば、他の七条までも阻止されるおそれがあるので、この二条は他日あらためて建白するつもりだったのであろう。春嶽はこの「国是七条」をひっさげて幕政改革にのりだしたのであるが、そのいずれの一つを取ってみても、英断を要する大問題ばかり、したがって幕府主脳部はこの改革案にきわめて消極的かつ冷淡であった。かくて憤慨した春嶽は、二十四日またもや引きこもってしまった。聡明であるとはいえ、そこは温室そだちの大名である。

春嶽またも引籠る

そのご三日をへた八月二十七日、小楠は幕府の大目付岡部長常にまねかれて、「国是七条」について詳しく解説し、もって幕政改革にたいする抱負をあきらかにした。

小楠、幕政改革の抱負を述ぶ

岡部　天下の形勢はいかん。

小楠　実に危殆に相迫り候と心得候。

岡部　その子細は。

天下騒乱の兆

小楠　近年来、幕府にてさまざまの御不都合これあるにつき、人心更に服し申さず。当春来、九州地などすでに騒乱の体にも相成り候ところ、薩・長などの一件もこれあり、幕府も御心づきなされ、橋(慶喜)・越(春嶽)両公御出世などにて、いささか鎮定のすがた候へども、決して真治にはこれなく、しばらく動静をうかゞひおり候までの儀にて、おおひ御悔あらための御政跡これなく候はゞ、またまた動乱におよぶべきは眼前のことにつき、この節ひとたび乱

時勢挽回は天下の力によるの外なし

世に相成り候へば、もはや御挽回は相かなはず、恐れながら御滅亡と相心得候。

岡部　如何して当時のところにて挽回すべきや。

小楠　まことに危乱に相迫り候ことを御会得これあり、旧見を去つて、至誠の真治を御もとめなされ候思し召しおき候へば、それすなはち興復の基にて候。……当時幕府の力をもつて御恢復は相叶ひがたく、天下の力をもつて御挽回のほかはこれなく候。

岡部　天下の人心をおさめ、一致に帰するの事務に手をくだすところ如何。

小楠　御上洛先務なるべく候。

岡部　御上洛はとても御できなされがたき儀と相心得らるゝよしにて、種々難儀故障を申しいでらる。

小楠　それは、できぬ方の御見込みにてこれあるべし。ただいまの御上洛は、

行列は質素なるべし

神祖（家康）の一ヶ年に両度も御往来あらせられ候ほどの、易簡質素の次第ならでは相叶はず。諸大名の、風呂桶まで持たせて旅行いたすごとき栄耀の流弊候へば、御身をもつて御改正の端にも相成るべき儀、十分御穏便にあらせらるべきはもちろんに候へども、またこの節がら、御警衛のために、御旗本の若殿原（わかとのばら）二―三千も召しつれられ候も然るべきや。

岡部　この条は、いかにも敬服に候。そのつぎは、なにごとなるべき。

妻子を国にかえせ

小楠　諸侯の困弊をとき、妻子を国へかへし、海軍をおこされ候はば、兵力を強くすべきことに候。

岡部　諸侯の参勤をゆるめ候義は、これまでも評議これあり候へども、いまだ事情をえず候。いかがの振り合ひに相成るべきものか。

参勤を述職にかえよ

小楠　参勤を止められ候ては、かさねての参勤むつかしく相成るべく候へば、述職に代へられ、百日ばかりも在府、日々登城、国政向きなど申し談じ候やう相成り候はゞ、公辺御趣意も貫通いたすべく、右については、妻室も国住居御免に相成り申すべし。かつまた無益の戍兵(じゅへい)は解免然るべく候。

海軍を興せ

岡部　海軍は、なかなか失費継ぎがたく候。

小楠　これは幕府御一手にて相かなひ申すべきやうにもこれなく、諸侯と合体にておこさるべき義。当時海軍にあらずしては、絶海孤島の日本国、歩兵をもつて擁護でき申すべきわけにはこれなく、士人も船にのり候へば心細く、覚悟をきはめずして相成らざることゆえ、おのづから士心を振ひ、外国に往来して見分(聞)をひろめ候はゞ、強兵これより先なるはこれなく候。

貿易の振興

岡部　交易の道はいかん。

金銀銅座を廃し、金鉱をひらけ

小楠　これも諸侯と組み合ひ外国へ渡海いたし候はゞ、公平に道ひらけ申すべく、幕府に私これあり候ては、おこなはれがたき次第なり。すべて金・銀・銅・鉄なども官禁を廃止せられ、坐株を停められ、勝手次第に掘りだし候ことに相成り候はゞ、諸侯もおのおの力をつくし掘りだし候て、海軍の備へなどは不足あるまじく候。

岡部、諸説いづれも感服の旨にて、それより公（春嶽）の当時御引き入りの次第、いかがのわけにこれあるべしと、相たづねらるゝにつき、

春嶽引籠の理由

小楠　越前一派の定議も右の次第にて、総裁仰せ蒙らせられ候上は、ぜひ御議論も暢達（ちょうたつ）なされたきのところ、今日の多端と申し、かつ閣老はじめおのおの幕府従来の権柄（けんぺい）を確持いたしをられ、左袒（さたん）のむきこれなく、多分は馬耳風（ばじふう）にぞくし候ゆえ、在職以来今日にいたり、一つとして事業相立ち申さず、……このままにては不本意は申すにおよばず、天下の罪人とも相成るべき勢ひにて、いかんとも致し方これなく……。

岡部　いかにも御趣意よくよく相わかり候間、なにぶん力をつくし、今よりも相辨じ申すべし。いよ〳〵思し召しどほりに行なはれ候ことと相成り候はゞ、

御出勤にも相成るべきや。

小楠　そのうへにて出勤これなくては、無体と申すものに候へば、ぜひ出勤相成るべし。

岡部　なにぶん今よりは、十分尽分相辨じ申すべし。御趣意よくよく相わかり候間、安心いたし候。（『再夢紀事』）

幕府主脳、小楠の卓識に驚嘆す

対談の結果は、岡部によってさっそく幕府に報告されたが、主脳部一同は小楠の卓識にすっかり驚嘆した。翌二十八日大久保一翁は小楠をよんで、幕府が「国是七条」を認めることとなったので、速やかに出仕するよう春嶽を説得してほしいと申しいれた。春嶽は小楠の意見をいれて閏八月六日から登城した。参勤交代の廃止と、それに代わる述職制度が幕議できまったのもまたこの日であった。かくて閏八月十五日幕府は諸大名をあつめて参勤交代をゆるめること、あわせて各藩は武備を充実すべきことを告示し、二十二日その実施条項を示した。すなわち

参勤制度の改革要項

参勤は三年一勤とし、在府日数は溜間詰・同格は一ヵ年、その他はおよそ百日とし、かつ妻子は藩地に帰ることをゆるす、というのであった。なおこれと同時に、幕府への進献の軽減と、老中・若年寄への進物の全廃も申し渡した。これは在来の幕府慣習からすれば、おどろくべき大改革で、当時駐劄した外国使臣などは、幕府の権威に死命を制するものであろうとさえ評した。このように在府期間が短縮され、しかも妻子が帰藩してしまうとなると、江戸に在番する藩士をはじめ、仲間・小者にいたるまでその数は激減し、ために江戸の繁華は一朝にして凋落したかのような観さえ呈したという。また将軍上洛の件については、三代将軍家光が寛永三年（一六二六）に上洛していらい二百年余もおこなわれていない。小楠が「国是七条」の冒頭に、「大将軍上洛して列世の無礼を謝せよ」としたのは、幕府がいかに公武一和を表面かかげても、尊王の誠を実際に示さないかぎり、達成は不可能である。しかも天下の大乱をさえ惹起しそうな現状において、諸政の改革を

幕府内の空気改まる

慶喜、小楠に感服

いうまえに、まずそのことを実行すべきであるという考えからであった。

去る八月二十七日、小楠が岡部を説いて時勢の推移を認識させ、ついで閏八月一日閣老板倉（勝静）が小楠にあってその説に共鳴していらい、幕府内の空気は急にあらたまり、十一日板倉は小楠をまねき、岡部はじめ浅野・伊賀の両大監察同席のうえ協議をかさねた結果、明年二月朔日将軍を上洛させることに意見が一致した。翌十二日小楠は私邸に一橋慶喜を訪問したが、これが慶喜に面接したはじめのようである。このとき小楠は、政局についての意見とくに将軍上洛の必要性をのべたが、かねて岡部や大久保からきいて少なからず小楠の識見に敬意をもっていた慶喜は、いまその議論をきくとすっかり感服した。そして翌十三日春嶽に、「昨夜横井平四郎に対面せしに、非常の人傑にて、はなはだ感服せり。談話中ずいぶん至難をおぼゆる事柄に、尾ひれをつけて問ひこゝろむるに、いささかも渋滞するところなく返答せしが、いづれも拙者どもの思へるところよりは、数層立

将軍上洛の期日発表

小楠を奥詰に登庸の議おこる

ちのぼりたる意見なりし」（『続再夢紀事』）と話したという。かくて小楠の意見がそのまま幕府の政策として採用され、九月七日には明年二月将軍上洛のことが正式に発表され、同時にまた諸制度の改革も着々と実行にうつされた。そして八月二十七日小楠が春嶽の意見として述べた岡部との対話が幕府に報告されると、慶喜をはじめ閣老一同は小楠の卓見にすっかり感服し、小楠を幕府の奥詰に登庸しようということが議にのぼった。そのことは春嶽によせた慶喜の手紙に、「平四郎申し聞け候第一ケ条参勤等の義、大小御目付らにて評議のところ、いづれも感服、同意のよし。……つまるところ、右等の条いかにも尤にて、よきこととは申しながら、ただその一－二ケ条のみそのとほり仰せいだされ候ても、外々の御処置ぶりよろしからず候ては、何の詮もこれなきにつき、和泉（水野忠精）・周防（板倉勝静）、周防はわけて申し聞け候には、平四郎こと右辺へ召しいだされ、御改革の御相談あそばされ候はば、実に天下の御ためこのうへなしと、両人もしひて申しきけ候ゆえ、越中

（大久保一翁）・駿河（岡部長常）へ申しきけ候ところ、両人とも大悦の様子にこれあり候。越中に申しきけ候は、召しいだされ候御役名いかゞいたすべきや、また高などはいかほどにて然るべきやなど評議におよび候ところ、もとより非常出格のこと故、いかほどにても然るべし、名目は奥詰と仰せつけられ、御前へもまかりいで候やう……。もとより先規に拘らざるやういたすべき趣意に、大意相決し候。……平四郎論には、御用部屋一同屈服のことに御座候」と記している。

小楠辞退す

　将軍後見職の慶喜から、絶讃されたうえ、幕府の奥詰にと小楠を懇望された春嶽は、自分の烱眼（けいがん）に一方ならず誇りをおぼえたであろうし、一介の陪臣にすぎぬ小楠にこのような破格の抜擢、小楠自身も無上の光栄と感じたであろう。ところが、である。翌々二十九日岡部は春嶽をたずねて、小楠がこの懇請に応じなかったばかりか、これを未発に防いでくれるよう勝海舟に頼んでくれと中根に依頼した、と報告している。なぜだろうか。いうまでもなく小楠の理想は帝師となること、それも一藩の帝師ではなく、日本の帝師となることであった。そしていま、その絶好の機会は到来したのである。もとより小楠に異存のあろうはずはない。

なにゆえの躊躇か

それなのになぜ、かくも躊躇せねばならなかったのか。小楠が〝二君にまみえず〟という封建倫理に呪縛されていたというのなら、越前藩の招請に応ずるわけはない。かれの真意は一体どこにあったのか。またかれを取りまく情勢はどうだったのか。事態の推移のなかに、そのことをさぐってみる。

かさねての登庸申し入れ

いっぽう幕府は、小楠の辞意のかたいことを知って、ついに登庸を思いとどまらざるをえなかった。しかし天下非常の時局にさいして、非常の人材がぜひ必要であった。一旦は登庸をあきらめた幕府も、こんどは手をかえて、細川家から一時かり受けるという形式で小楠を起用しよう、という議がもちあがった。かくては辞退するすべもなく、小楠は出仕を決意した。閏八月二十五日づけ留守宅あての手紙に、「根より御こぎあげは御無理にて、御用中当分、御当家（細川家）よりお借

小楠出仕を決意す

りうけなされ候はずにて、ちようどただいま越前よりお借りうけ同様の御とりあつかひと申す御内意に御座候。これなれば御ことはりもでき申さず」と記している。しかるに、これさえも結局辞退している。なぜだろうか。江戸詰肥後藩家老が国許藩庁に提出した報告書がある。「平四郎ことは細川家の御家臣にて、従来御恩義をもこおむり、万一公義より御扶持など下しおかれ候やうの儀も御座候ては、実に本意を失ひ候しだい、そのうへ技芸をもつて召しいだされ候御ためしはこれあるべく候へども、平四郎身分においては、左様のすぢにこれなく、もつぱら節操をたつとび申さずては叶ひがたき儀に御座候ところ、自然右やうの御沙汰もこれあり、御うけ申しあげず候へば、公辺にたいして不都合に相成り、御うけ申しあげ候へば御国にむかひ相済みがたく、進退さし迫り、すぐさま覚悟つかまつり候ほか御座なき段」というのである。さきの越前藩からの懇請の場合と同様、これも肥後藩庁内にみなぎる保守的封建倫理の圧力のために、せっかく千載一遇

肥後藩家老の書翰

藩庁の圧力

の期をえながら、ついに辞退せざるをえなかったとみるのは筆者のひが目であろうか。

三　破約攘夷説

公武合体・航海遠略策

文久二年（一八六二）勅使大原重徳らが江戸に下向しているあいだに、京都の情勢はいちじるしく変っていた。すなわち前年らい航海遠略策をとなえて公武周旋運動にのりだしていた長州藩は、すでに攘夷の急先鋒にかわっていた。もともと公武合体・航海遠略策は、長州藩の直目附長井雅楽が提唱したもので、要旨はつぎのようなものであった。現在開国・鎖攘の論がやかましいが、要するにこれは枝葉末節の問題であって、根本は日本国体の美点を発揚することである。したがって朝廷と幕府は一体となって国力の伸展に力をつくすべきで、幕府は尊王の実をしめし、朝廷は鎖攘の説をすてて、互いに助けあわねばならぬ、というのである。

藩主の命をうけた雅楽は文久元年（一八六一）五月いらい、この時局収拾策をひっさげて、京都と江戸のあいだを奔走したが、その甲斐あって幕府もこれに賛同し、雅楽は翌二年三月上京してこのことを朝廷に建白した。ところがそのころすでに京坂のあいだには、尊攘派の志士・浪士が全国から雲集し、公卿と気脈をつうじて画策していた。したがって廷議にのぼされた雅楽の建言には反対が多く、幕府の意をむかえるための奸策であると非難された。かくて七月二日着京した長州藩主毛利慶親は、尊王攘夷の空気の濃厚さを知り、ことの意外におどろいた。そして薩摩藩におくれをとらず京都において勢力を挽回するためには、それまでの看板をぬりかえて、尊攘激派の主張する攘夷一点ばりに政策を変更するほかないことを悟った。そこでかれは長井雅楽建白書の却下を朝廷に請い、今後は破約攘夷の方針で周旋することを申しいで、二十七日東下して周旋せよとの朝旨をうけた。

長州藩政策変更

幕府窮地におちいる

京都の情勢はいよいよ急迫の度を加え、幕府にたいして攘夷督促のため、三条実美（さねとみ）・姉小路公知（きんとも）を正・副勅使として東下させることに決まった。かくて幕府は進退きわまる窮地においこまれた。攘夷の勅命を受諾すれば条約諸外国と、また受諾せねば朝廷と、いずれにしても正面衝突は避けられぬ。

幕議統一せず

幕議を統一することはすこぶる困難な問題であった。将軍後見職である慶喜と、政事総裁職の春嶽とは、同じく開国論といっても互いに意見をことにしていた。すなわち慶喜は、将軍上洛にさき立って上京する機会に、開国論をひっさげて攘夷論を説破し、朝廷の蒙をひらこうと意気込んでいたし、春嶽は、このさい一応勅命を受諾し条約を破棄したうえで、さらに開国のやり直しをすべきであるという意見をもっていた。

長州藩の破約攘夷説

また長州藩の意見も、違勅による安政条約を一旦破棄したうえであらたに条約を結ぶというもので、根本から開国を拒否するというのではなかった。その攘夷というのも、破約を通告すれば外国がどんな難題をもちこむかも知れぬ、そのときは一戦も辞せぬというもので、天保以前のいわゆる打払令とはちがうのである。

したがって長州藩の破約攘夷説は、小楠のいう国と国との修交は対等でなくてはならず、外圧に屈してむすんだ安政条約はこれに違背する、という意見と決して矛盾するものではなかった。

春嶽またも引籠る

いっぽう幕議は紛糾してなかなか決しない、かくては慶喜が上京しても目的を達しえないのはもちろん、ついには天下の安危、徳川家の浮沈にもかかわる問題であるとして、二十七日春嶽はついに引きこもり、小楠も辞職を勧告した。そして越前藩の執政・参政らと会って、春嶽の政事総裁職辞退願書の起草にかかったが、慶喜の上京を目前にひかえたいま、辞表はしばらく見合せることにした。同じ日、大久保一翁によばれて春嶽の意見について質問された小楠は、翌日春嶽にあって逐一そのことを報告し、慶喜からの書翰によって登城するようにと進言した。そして慶喜からの書翰を心待ちしたが、来月三日の上京予定は二―三日延期するという通知だけで、小楠が期待した条約破毀・諸侯合同・春嶽登城希望など

小楠の期待反す

慶喜の堂々たる反対意見

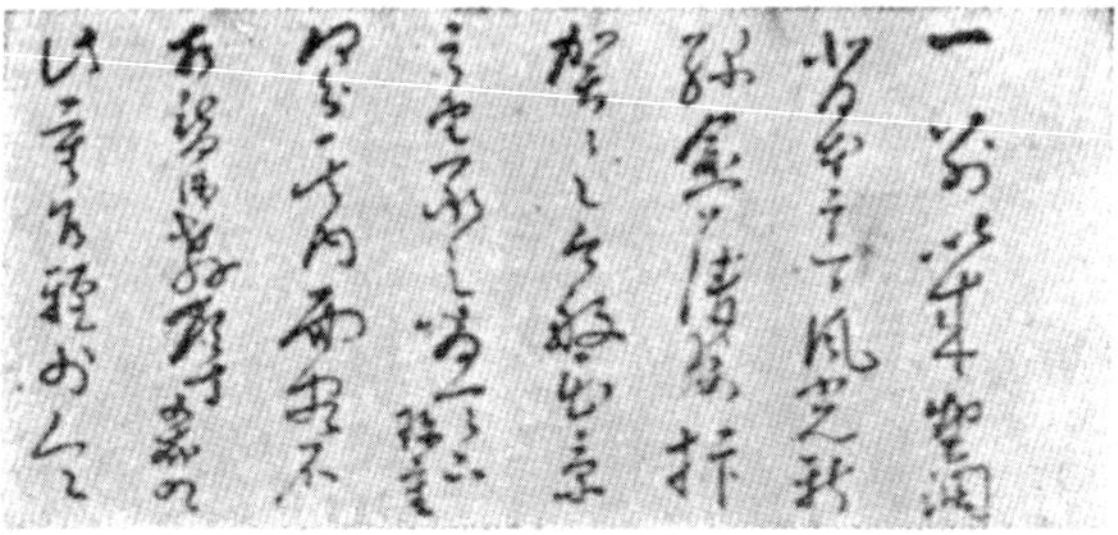

からの手紙

についての書翰はついに来なかった。慶喜はこれまで明言こそしなかったが、春嶽の意見には反対であった。さきに小楠と会ったときには三十日の幕議はかならず自分がまとめてみせると約束した大久保だったが、さて幕議に臨んで小楠の意見どおりの意味を述べたところ、慶喜から強硬な反対意見がでた。すなわち条約は両国政府のあいだで取りかわしたものである。その成立した事情については国内でこそ云々すべきで、相手国にたいして言うべきではない、というのである。三十日さらに大久保をたずねて閣議の模様をきいた小楠は、慶喜の反対意見の正論であることを知っておどろいた。そしてさっそく中根靱負（ゆきえ）をたずねて、慶喜にた

小楠、慶喜を見なおす

春嶽登城す

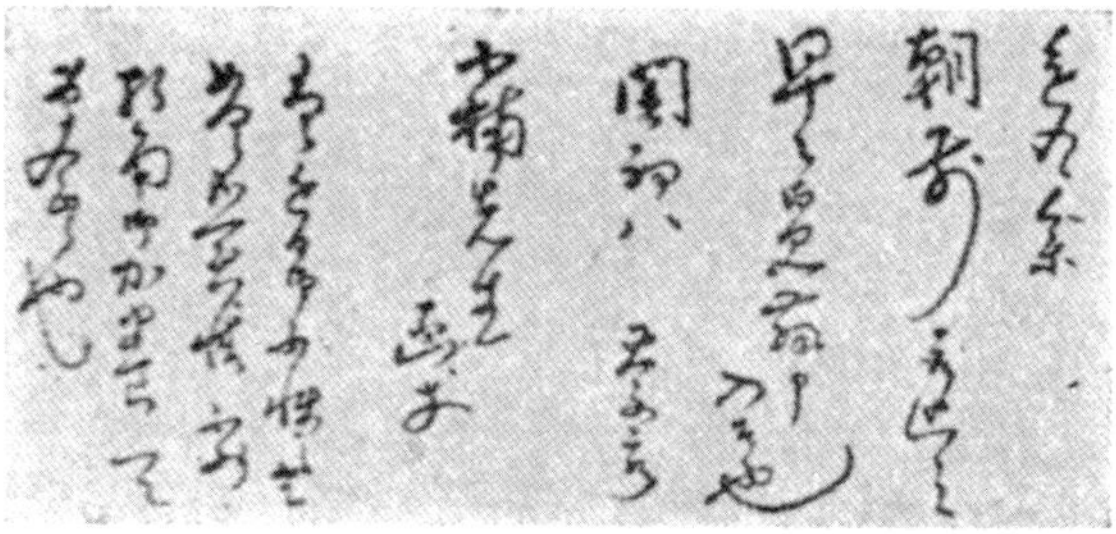

松平春嶽

いする自分の眼識のおよばなかったことを恥じ、春嶽への進言を依頼した。「じつに橋公（慶喜）いまだ御若年（二六歳）なれば、第一等の議をすすめても、御負担にたへさせらるまじとて、第二等の議をすすめしが今日の失敗をとりし根元にて、眼識のおよばざりしは慚愧（ざんき）の至りなり。もっとも今日の次第は、拙生より公（春嶽）に申しあぐるべきなれど、何とやら面目なき心地せらるれば、貴下より申しあげられ、しかるうへ公にも橋公の御趣意に御同意ならば、明朝は御登営あらせられ然るべきか」（『続再夢紀事』）と。かくて中根はさっそく春嶽に小楠の進言をつたえ、春嶽はただちに慶喜の意見に賛成した。翌十月一日朝、春嶽は小楠にあって今日から登城することを伝えると、小楠は非常によろこんで、「開国にあらざれば天地間の道理にかなはざることは、かねて申しあげたるごとくなれど、これはその人にあらざれば行なはれがたかるべしと考へしゆえ、過日来条約破却云々の議をすすめしなり。しかるに平四郎、人をみるの眼識にくらく、今回の失敗をとるにいたり、いまさら慚愧にたへず。今日橋公に御面晤(めんご)あらせられなば、平四郎ふかく恐入りおるよしを仰せ立てられくださるべし」とたのんでいる。春嶽が登城して慶喜の意見に同意する旨をつたえると、慶喜も大いによろこんで、「当節、開国論を主張するなどと世上に流伝しては、たちまち大害を惹起すべし。ゆえにこの主意はこれまで周防(板倉勝静)・越中(大久保一翁)のほかには相談せし人なし。過日来、会津(松平容保)より攘夷に決せられたる廟議をうかがはざれば上京しがたし、と申し立ておりけれど、ありのままを語れば他に漏泄(ろうせつ)すべきおそれあるゆえ、やはり語り聞けずとてありしが、しばしばの催促には、ことのほか困却せり」と話した。さすがに烈公徳川斉昭（水戸）の子、一橋慶喜は春嶽より一枚上である。

かくて慶喜は開国説を上奏するため十月九日ごろ上京することに決したが、これと行きちがいに、三条実美・姉小路公知の正・副勅使が幕府に攘夷督促のため東下するという通知が、伝奏からもたらされた。江戸からは開国論をひっさげて慶喜が上京し、京都からは鎖国攘夷の勅命をもって正・副勅使が東下する。幕末の政情はじつにめまぐるしい。かくては最重要案件である公武合体の実をあげるなど思いもよらぬことである。ところで慶喜の開国論は正論には相違ないが、ときの状勢下にそのまま押し通しうるものではなかった。

朝幕の意見あい反す

こうしたなかに十月二十八日、勅使が着府した。幕府は十一月二日閣議をひらいたが、その結果は攘夷の勅旨があればそれを受諾することに決まった。しかし慶喜は、圧力に屈して心にもない攘夷を受諾することは、朝廷をあざむくに等しい、一時の偸安（とうあん）に百年の悔いをのこすよりも、むしろ引退するにしかずと、十五

幕議は攘夷受諾に決定

慶喜引退を決意す

日後見職辞退願を提出した。おどろいた将軍家茂以下は、百方手をつくして慶喜に懇願した結果、ようやく勅使入城前日の二十六日になって慶喜は登城したが、問題の攘夷の件についてはなお難色を示した。

勅使入城

翌二十七日いよいよ正・副勅使が入城、将軍に勅書を手渡した。それには案の定、一刻もはやく攘夷の策略をさだめ、将軍みずから上洛して攘夷の期限を奏聞するように、と記されていた。ついで十二月四日ふたたび入城した勅使は、勅諚の趣旨を早々評定して諸大名に布告せよと命じ、なお攘夷の方法・期限などについては、諸藩と衆議するため多少の時日を要するであろうが、年内かおそくとも明春早々には言上するようにと迫った。

将軍ついに攘夷を受諾

そして翌五日には三たび入城して督促したので、窮した将軍は、ついに攘夷の勅旨を受諾する旨を勅使に返答した。

小楠の「攘夷三策」

将軍がこのように攘夷を受諾する三日まえの十二月二日づけ、小楠が提出した攘夷鎖港にかんする建白書「攘夷三策」がある。その大略はつぎの通り。

第一、外圧に屈してその場のがれの条約をむすび、勅命にそむいて開港をなし、上は天皇の宸襟をなやまし、下は万民の憤激をかったペリー来朝いらいの幕府役人の事跡をしらべたうえ、将軍はすみやかに上洛して朝廷に誠意を披瀝し、尊王の実を示すべきである。

安政条約を破棄すべし

第二、尊王の実を示し、関係者を処罰したのち、在留の各国使臣を江戸城に招いて、勅使・将軍以下列侯連座のうえで、現行の条約を破棄せねばならぬ理由を幕府の役人に説明させ、勅許のない諸港はすみやかに引き払うように諭(さと)し、おのおのその本国に使節をだして右の趣旨を伝えるように申しきかせ、そのうえで早速、適当の人物を日本の特使として各国に派遣し、あらためて開国の旨を通告する。

第三、近畿の海岸や沿道には、戦争の備えをととのえる。

というのである。

九月三十日の段階では、慶喜の正論は政策論として通用するものであると考えられた、それが小楠の同調した理由であった。しかし幕末における世相の推移は急テンポである。わずか二ヵ月あとの十二月二日には、すでにそれは机上論でしかなく、政策論として押し通しえなくなっている。しかし、だからといって攘夷という亡国論には賛同しかねる。こうした条件のもとで朝廷と将軍の面子をともに立て、しかも理論のすじをとおして、ぎりぎりの線で考えをまとめたのが、小楠の「攘夷三策」である。結局問題は第二で、①正規の手続きをふんでいないから破棄する、という。「将軍家御幼少のときに乗じ、幕府奸吏ども朝廷をあざむき奉り、正議の公卿侯伯をしりぞけ候のち、とりむすび候条約にて、もとより日本万民の憤怨するところに候ゆえ、つひに幕府執政を狙撃し、無辜の夷人を斬殺するにいたり候儀にて、まったく人心不和のいたすところに候へば、天子震怒したまひ、正議の公卿侯伯論判し、将軍を輔佐し、先年条約の大小幕吏を黜罰し、

条約破棄の理由

皇国政令一新の規模あい立ち候により、勅許これなき諸港は、引きはらひ申すべし」と。②開国のことは後日あらためて当方より通告する、といふ。「追て開港の儀は、後日使節をもつて相違し候儀もこれあるべく候間、一たん引き払ひ申すべき段、御さとしなされ候へば、かれも道理をとなへ諸州横行つかまつるものに候へば、聞き入れ申すべしと存じ奉り候」と。開国論者である小楠が、なぜこのような意見をだしたかについて徳富蘇峰は、「かれが世のいはゆる攘夷論者とおもむきをことにしたるは明白の事実だ。かれは開国をもつて天地の公道と信じてゐた。ただ当時日本の開国は、自主的開国でなく、強迫的開国であり、威嚇的開国であり、したがつて対等の開国でなく、ことごとに外人に致され、外人に乗ぜられ、わが国権を失墜すること多大なるをみとめ、根本的にこれを改正せざるべからざるをみとめ、攘夷の気運朝野にさかんなるを利用し、この気勢に乗じて、癸丑・甲寅以来の失態を一転せんと期待した。これがすなはち本論を発するにい

蘇峰の意見

『勝海舟日記』にみる小楠の真意

たりたる所以であらう」(『近世日本国民史』)と。不平等条約改訂の気運をもりあげようとしたのであるという。しかし、この意見はすこしオーバーであろう。『勝海舟日記』の文久二年(一八六二)十一月十九日の条に、「この日横井小楠先生を訪ふ。われ問ふ、このごろ世間開鎖の論諍々、みな服せざるところなり。それ開鎖は往年和戦を論ぜしと同断にて、ただ文字のかはりしのみ、何の益かあらんやと。先生いはく、実に然り、当今しばらく、この異同をいはずして可ならん。それ攘夷は興国の基をいふに似たり。しかるを世人、いたづらに夷人を殺戮し、内地に住ましめざるをもつて攘夷なりと思ふは、はなはだ不可なり。いまや急務とすべき興国の業をもつて先とするにあり。区々として開鎖の文字になづむべからず。興国の業、侯伯一致、海軍盛大におよばざれば能はず。いまや一人もここに着眼するなし、また歎ずべしと」と記されている。狂気じみた攘夷論が燎原の火のごとく全国を席巻しているとき、それと対立しても、阻止できるものではない。考えてみれば開国といい鎖国といい、有志の心理においては、いずれも日本の将来を憂うることに根ざしている。つまりは興国の論である。しかしそのことに誰も気づいていない。この根源にさかのぼって事態を収拾するほかに道はないのである。ここに開国論者小楠が「攘夷三策」を書いた理由があり、慶喜と春嶽がこの意見に同調した以所（ゆえん）もまたそこにあったのである。

四　公武合体の筋書

文久二年十二月五日攘夷の勅旨を受諾した幕府は、その期限・方略などについては将軍上洛のうえで上奏すると答え、上洛の日程を明年二月と決めた。そしてこれより一足さきに一橋慶喜・松平春嶽・山内容堂があいついで上京することになった。ところで当時京都の情勢は、いったいどんなであったろうか。まずそのことから見てみよう。

薩摩藩勢力挽回に腐心

尊攘激派の志士・浪士は全国から京都にあつまり、ここを拠点に跳梁をほしいままにしていた。かれらの称える急進過激な説は三条実美・姉小路公知らの公卿をうごかし、当時三条・姉小路らの勢力は、大名をも凌ぐとさえいわれた。そして急進過激の説をとなえることを正論、幕府を排撃することを勤王とし、これに反して漸進・穏和派または旧法をまもることを因循・幕習などと称した。文久二年下半期の京都においては長州藩の勢力がもっとも強く、それにつぐのは土佐藩で、薩摩藩は以前とちがって一向にふるわなかった。しかし関白近衛忠煕はじめ青蓮院宮朝彦親王など、いわゆる穏健派の人たちは薩摩藩の勢力をたのみ、また江戸においても春嶽は依然薩摩藩と旧交をつづけているなど、薩摩藩の勢力はなお侮りがたいものがあり、その勢力挽回に虎視たんたん機をうかがっていた。すなわち藤井良節は入京して近衛忠煕を説き、在京中の鳥取・宇和島両藩主や徳島藩世子・熊本藩公子などとも気脈をつうじて、ひそかに長州藩排斥運動を計画、また高崎猪太郎は出府して、島津久光の起用を勧告する意見書を春嶽に提出した。ついで長州藩士高杉晋作・久坂玄瑞らが横浜在留外人を襲撃しようとする計画、あるいは府下の壮士が老中板倉勝静(かつきよ)を刺殺しようとする計画などを、いち早く幕府に密告して好意を示すなどした。

小楠の公武合体筋書

ところで小楠の根本思想は、道義の原理を政治のうえに実現することで、誠意を治国平天下にまで一貫することであった。すなわち大名・公卿の有志をあつめて衆議をつくし、真の公武合体・挙国一致の政治をおこなうことが理想であった。そのためには、まず薩摩藩を誘って島津父子(久光・忠義)を入京させ、幕府からは松平春嶽と山内容堂が上京し、青蓮院宮(しょうれん)をはじめ近衛忠熙らの諸公卿と相談して、京都にあつまった尊攘派志士を一掃し、公武一致の国是をさだめるべきであると考えた。小楠がそのことを建策すると、春嶽は早速小楠の意見をいれて実行に着手し、薩摩藩士高崎猪太郎・岩下左次衛門などに謀らせたところ、かれらは

春嶽その実行に着手

藩勢を伸ばすのはこの時とばかりに賛成した。十一月二十九日春嶽はそのことを慶喜はじめ板倉勝静・水野忠精（ただきよ）・小笠原長行ら閣老に謀ったが、いずれも島津父子の上京、薩摩を加えての公武合体計画に賛成した。ついで翌三十日、春嶽は閣老らおよび山内容堂を自邸にまねいて、慎重審議をかさねた。

慶喜・閣老ら計画に賛同

かくて小楠の筋書どおりに、公武合体計画は実行にうつされることになり、翌十二月一日春嶽は薩摩藩士高崎猪太郎をまねいて、近衛忠熙と青蓮院宮あての密書各一通と、島津久光あての書翰を託し、久光に国家のため一日も早く上京、尽力してくれるよう切望する旨の伝言をたのんだ。かくて公武合体の理想実現このときにありと考えた春嶽は、山内容堂とともに入洛（じゅらく）し、島津久光の上京をまち受けて、三人力をあわせて理想の実現にまい進しようと、意気ごんでいた。むろん小楠も、この絶好の機会に天下の公議にもとづく政治をおこない、国政を一新せんものと満を持していたこと言うまでもない。慶喜は十二月十五日江戸をたって

春嶽・小楠の意気ごみ

陸路大坂にむかい、まず大坂の海防を視察したのち上京、おくれてくる春嶽らと京都でおち合う約束であった。ところが七日、勅使三条・姉小路の一行は急に帰京することになり、山内豊範・毛利定広もこれにつづいた。島津久光が近衛らと謀って、京都の形勢を一変しようと計画している、という情報がとどいたためであった。局面はいよいよ緊張し、十二月十五日春嶽に、翌十六日には山内容堂に将軍上洛に先き立って上京せよとの命があり、春嶽は海路上洛することになり、小楠もむろん同道することとなった。

第七　小楠暗殺未遂事件

一　尊攘論の抬頭

蒸気船で上洛の予定

小楠暗殺未遂事件は文久二年（一八六二）十二月十九日、江戸お玉ヶ池の肥後藩江戸留守居役吉田平之助の別宅でおこった。そのころ事実上幕府の最高政治顧問として、また公武合体運動の立役者として活躍していた小楠は、事件の三日まえ沼山津の留守宅あてに、松平春嶽とともに蒸気船で海路上洛するよろこびを、「春嶽様も正月十日はいよいよもつて御出立の御内定にて、この節は蒸気船よりお出かけの御つもり、私も同船、大平（甥）を召しつれ候筈にて、泰吉（内藤）以下は海道を御供同勢と一同につかはし候はずに御座候。蒸気船にて候へば、都合よろしければ二日・三日路にて、たいてい五日路と存じ候へば相違なく大坂に着仕り候」と書きおくっている。ところがその三日後に突如、肥後勤王党にぞくする刺客の襲撃をうけ、さらにそれが士道忘却として政治問題化するにおよんで、上洛どころの騒ぎではなくなったというわけである。そこでまず、事件の背景となった当時の勤王党のうごきを辿ってみる。

長州藩攘夷派に転向

これよりさき五月、薩摩の島津久光は勅使大原重徳を護衛して江戸にくだり、それと前後して長州藩主毛利慶親父子が入洛したころから、京都を中心に尊王攘夷論者がとみに勢力を得、その運動もまた熾烈(しれつ)となったが、これは主として長州藩が公武合体論から、攘夷即行論に移行したことによるものであった。このように尊攘論がもえあがるとともに公武合体論は排撃される気運となり、さきに孝明天皇の妹和宮と徳川家茂との結婚にさいして、朝廷と幕府のあいだに立って周旋した岩倉具視・千種(ちぐさ)有文のふたりは、佐幕の臣・君側の奸とののしられ、これに

公武合体派排斥さる

久我（こが）建通・富小路敬直および今城（いまき）重子・堀川紀子の二女官を加えて四奸二嬪と称し、一部の公卿・尊攘派の志士たちから排斥された。かくて七月、岩倉・千種・富小路らは近習を辞し、今城・堀川の二女性も宮中から追われ、さらに八月には岩倉ら三名は辞官・落飾を、久我もまた蟄居・落飾を命ぜられ、幕府を支持したというので前関白九条尚忠（ひさただ）も落飾・重謹慎を命ぜられた。ついで志士たちによって、久我・岩倉・富小路らの邸に威嚇の文書が投げこまれたのを機会に、九条尚忠はじめ久我・岩倉・今城・堀川は洛中居住をも禁じられた。

京都に殺伐の気みなぎる

またかつて幕府のために活躍し、尊攘志士の怨みをかった者が、京都やその近郊で天誅の名のもとに暗殺されるという事件が頻発した。すなわち七月二十日の夜、九条家の家士島田左近が薩摩藩士田中新兵衛らに殺されて、四条河原で梟首（きょうしゅ）にされたのを手はじめに、閏八月浪人本間精一郎が同志のために殺され、また九条家の家士宇郷重国は松原河原で梟首にされた。九月に入ると、もと土佐藩士清岡治之助・岡田以蔵らは、幕府の目明し文吉を殺して屍を三条河原にさらし、京都町奉行与力渡辺金三郎ら四人が激徒のために殺され、粟田口で梟首にされた。十月、万里小路家の家士小西直記も殺害され、十一月、長野主膳の妾村山可寿恵（かずえ）は二条河原で生曝（いきざら）しにされ、主膳の重臣多田帯刀（たてわき）も粟田口で獄門にかけられた。そして、こうした尊攘派の気勢は、しだいに全国的に流行しはじめた。つまり〝問答無用、邪魔ものは殺せ〟という考えが尊攘激派にぞくする青年の倫理化してきたのである。かくて危険は小楠の身辺にもひしひしと迫っていた。

坂本竜馬の小楠訪問

　長州藩・土佐藩の人々を中心とする尊攘激派の魔手は、江戸にも伸びていた。江戸においてまず血祭りにあげるとすれば開国論者の勝海舟、それにもまして幕府の最高顧問的地位にある横井小楠ということになる。そしてこの大役をかってでたのが、土佐藩士坂本竜馬（一八三五〜六七）であった。文久二年（一八六二）七月ごろのこと、坂本は、勝海舟の開国論に憤激してかれを斬ろうと決心、松平春嶽の紹介状をもらって面会した。勝は坂本の人柄を察して先手をうち、堂々と開国の抱負を述べた。頭の回転のはやい坂本のこと、すっかり勝に心服し、即座にその門下となった。ついで小楠と会見したが、世間のうわさとちがって小楠が尊王の志あつく、国家を思う忠誠心のふかいことを知って、はじめて自分たちの誤解であったことを悟り、そのごは、もっとも尊敬すべき先輩として兄事（けいじ）した。

おなじ年の九月四日、木戸孝允（たかよし）は越前藩邸で中根靱負（ゆきえ）にあったとき、近来世間では、小楠のような勤王心のとぼしい人物を春嶽の参謀にしておくのは天下のためによくないという噂が流れている。血気の連中は、小楠に出あいしだい刺し殺すといっており、肥後藩士のなかにも、他藩の手をわずらわすまでもなく自分たちが斬るといっている、小楠に外出させぬがよかろう、ときびしく警告した。また長州藩士周布（すふ）政之助も中根に面会したが、このときも江戸では安井息軒や芳野金陵ら儒者連中が、肥後の片田舎から小楠ごとき学者をよびよせて、大政改革に容喙させるなど以ての外だと言っている。京都での小楠の悪評はさらにひどく、もしも春嶽が小楠をともなって上洛するならば、島田左近と同様の暴行をうけるであろう、いまのうちに体よく越前に帰してはどうか、と警告した。たぶんに敵意をもち、すご味をきかせた警告である。

木戸孝允の小楠訪問

ついで九月二十日、長州の木戸孝允・周布政之助らは、当って砕ける覚悟で、直接小楠に面会をもとめて、その真意をさぐった。小楠は肥後勤王党からひどく毛ぎらいされていたので、それと密接のつながりをもつ長州藩士らの訪問は、殺気をおびたものであったという。そのときの模様を、その場に居あわせた内藤泰吉は、「先生はすぐに、たばこ盆をさげて玄関に出むかえられ、応接間で談がはじまると、ついに激しい議論となり、先生に斬りかけんばかりの語気となった。先生のそばには脇差があるだけである。わしは刀をとって障子の外にひそみ、万一かれらが手を出せば、障子をけつておどりこみ、先生の危難を救うつもりであつた。しかるに、いつとなく笑語にかわり、一同愉快な顔つきで帰っていった」と記している。

刺客につけ狙われる

小楠に面接して、世評とちがって愛国の政治家であり、かつすぐれた思想家であることを知って小楠に兄事した坂本・木戸らは、そのご暗殺の計画をきくたびに、それについての情報を速報し、慎重に行動するようにと注意した。小楠は十二月二十一日留守宅あての手紙に、「近来とり沙汰にて、わたくし開国説をとなへ候とて意趣をふくみ候もの、御国者にも長州・土州のものなど示しあはせいたし、闇うち候企てこれあるの由にて、長州藩桂小五郎（木戸孝允）と申す人より心づけ候こともこれあり、ほかにも土州の藩よりも同様申しきかせ候」と記している。

四　肥後勤王党動く

坂本竜馬・木戸孝允などは超一流の人物、小楠に直接あって意見をたたかわせると即座に誤解をとき、その識見に敬服した。こまり者は、視野のせまいそしてこちこちの信仰に固まった、問答無用の肥後勤王党の面々である。ところで文久二年（一八六二）になると、かれらの動きはとみに活発さを加え、そしてそれは住江松翁・甚兵衛（世禄千石）と、魚住源次兵衛（三百石）の二派にわかれた。住江系を急進派、魚住系を温和派とみていい。

問答無用の肥後勤王党

　肥後勤王党として注目すべきは前者で、その中心人物はむろん住江松翁（六九歳）・その子甚兵衛（三五歳）、その一党に轟武兵衛（照幡烈之助、四五歳）・宮部鼎蔵（四三歳）・永鳥三平（三九歳）・河上彦斎（高田源兵衛、二九歳）・大野鉄兵衛（大田黒伴雄、二九歳）らがいた。かれらの理想とするところは、いうまでもなく尊王攘夷である。

文久二年九月十九日、住江甚兵衛は同志を代表して、また河上彦斎は個人の意見として、時局にかんする建白書を藩庁に提出した。

河上彦斎の建白書

　河上彦斎の建白書のなかにみえる「御国家存亡の御大事をかへりみず、一身の栄をきはめ、治平の楽をとげんと関東御役人え連合して開国の説を主張し、形勢不通の俗論をもつて公務を誣妄し、天朝・幕府を両方に見あやまりて、何方もよろしきやう中すみのほどよき御所置にとて、大義の天下に合一することを知らず、打払の義も十年の外にこれあるゆえ急ぐべき儀には御座なく、そのうちには諸国の振り合ひもこれあるべしなどと一時偸安にて、つまるところ何一つの御ため筋なしうることも御座なくして、邦家をくつがへし蒼生をあやまる小人もさしおき候やうに相成り申すべく」の、小人とは小楠を諷刺したもの。かれらが、いかに小楠を敵視していたかがわかる。

政策的攘夷論と宗教的信念論

ところで、文久二年の段階における識者の攘夷論は、結局一本気の尊攘激派の青年たちを懐柔するための条件つき攘夷論であり、政策的な攘夷論にすぎぬ。さればこそ攘夷論者である坂本・木戸は、即座に開国論者である小楠の意見に同調しえたのである。ところが肥後勤王党のそれは時代錯誤の無条件攘夷論で、したがって政策論たりうるものではなく、宗教的信念論に転落したものでしかない。この迷論をもって、第一級の政治思想家である小楠を一方的に黙(だま)らせるには、暗殺という暴力行為よりほかなかったのである。

肥後勤王党の生態

ところで肥後藩においては、そうした旧派勤王党の意見をいれて、藩主細川慶順が上京して攘夷運動に奔走することに決し、十月二十七日には弟長岡護美(もりよし)が先行すること、住江甚兵衛らが同行することが決まった。その夜、住江の二本木別邸に、住江松翁・その子甚兵衛・轟武兵衛・宮部鼎蔵・河上彦斎・山田十郎・青木彦兵衛・土屋矢之助ら勤王党の面々があつまって、夜の更けるまで飲みかつ談じた。土屋はそのときのことを記したあとで、「本家と別荘は相へだたること一里余、壮士ら日夜本宅に会し、甚兵衛と談論す。その費用もおびただしきものなれども、甚兵衛みなよくこれを養ふ。不平寒酸の徒は、みなその門人なり。翁は祁寒(きかん)暴雨のいとひなく毎日往来、会議に出て壮論をたのしむ。もつとも感ずべきは、松翁家は食禄千石にして下太夫の列なり。その家に会合するものは小身の士より足軽など多し。松翁父子ねんごろに話し、その親父子兄弟のごとし。団欒設座、毫も別意なし」(『土屋矢之助筆記』)としている。勤王党は足軽をふくむ最下層武士で、不平寒酸の徒が多かったこと、会合の費用はむろんのこと生活費までも、頭領である住江が賄っていたこと、すべての話は住江父子を中心におこなわれていたことがわかる。これが肥後勤王党の生態である。つまり肥後藩の勤王党右派は、住江を頭領として轟・宮部を幕僚とし、不平寒酸の最下級武士を手下とする組織であった。生活費の面倒までみてもらう手下のものに、思想・行動の自由があろうはずはない。

肥後勤王党上京

十一月十三日、藩主上洛の先発として長岡護美が出発、住江・轟・宮部・河上彦斎が陪従したが、このうち轟と宮部は情報(探索)を担当した。かくて一行は十二月四日京都についた。小楠暗殺の命をうけた刺客堤松左衛門(二五歳)は、外様

刺客堤松左衛門

足軽堤貞次の次男で、父の同役轟武兵衛に読書を、宮部について武をならったが、両人にすすめられて勤王党に加わった。そしておそらく十月二十七日の二本木別邸会合の席上、小楠暗殺の指令をうけ、脱藩して長州に走った。当時長州には全国から尊攘激派の連中や浪人があつまっていたが、そこで、「長州・土州の者ども、横井平四郎儀かねがね和議開港の論を主張いたし、勅意にそむき相済まざる者にて、日本の害と相成候間、天下のため天誅を加へ申すべき段申し聞け候間」と、長州・土佐の藩士たちが小楠暗殺を計画していたとしている。そのとき堤は、「このたび良之助様（長岡護美）叡慮御遵奉にて、鎖港の思召しをもって御上京もあらせられ候ところ、臣下の身分にて御国論に違戻（いれい）いたし、もっぱら和議開港を主張いたし候次第、不届きの至りにつき、同藩有志の者もをりながら、他藩のものに打ち果たされ候ては面目もこれなき次第につき、松左衛門まかり越し、打ち果たし申すべく」（『轟武兵衛引取書』）と誓約したという。かくて堤はただちに長州を出発して

刺客江戸へ向う

一路江戸に向かったが、このとき数名の同志も同行した。そしてかれらは京都で宮部と轟を待受け、小楠暗殺計画をうちあけて別れのあいさつをのべた。江戸についた堤は、小楠を刺殺するため何度も面会をもとめたが目的を達せず、なかなか乗ずる機会がないので、ついに江戸藩邸づめの足軽黒瀬一郎助・安田喜助の両人に協力をもとめ、同意をえたということになっている。むろん長州・土佐藩士の間には、それぞれ小楠暗殺の計画があったことは事実である。しかし私は『轟武兵衛引取書』には、肥後勤王党主脳部に累のおよぶことを避けるための虚構があると考える。おそらく小楠暗殺のことは住江松翁・甚兵衛が考え、それを幕僚たちが具体的に計画し、堤松左衛門を暗殺者に指名したものであろう。十二月四日上洛した轟・宮部らが堤と会っているのも、偶然とは考えられぬ。おそらく堤に指示と激励を与えるために、はじめから日程が組まれていたものであろう。

三　危く難をのがれる

ついに刺客に襲われる

文久二年（一八六二）十二月十九日夜、小楠は吉田平之助の別荘で刺客におそわれた。吉田は肥後藩江戸詰留守居役であるが、幕府の顧問格である小楠とはたえず接触して幕政の動向を知り、それを重役沼田勘解由を介して肥後藩庁に報告していた。一方小楠はこの路線を通じて藩のうごきを知り、かつ意図する方向に藩の意見をうごかすことに努力していた。したがって、藩論を攘夷論にみちびくことにようやく成功した肥後勤王党にとって、小楠は何としても邪魔者であった。

いっぽう、上洛するまえにぜひ話をききたいと吉田から連絡をうけた小楠は、いそがしい日程をくりあわせて十九日午後四時、お玉ヶ池檜物丁の吉田の別宅を訪ねた。同藩士の都築四郎・谷内蔵之允も同席して二階座敷で用談ののち酒宴にうつったが、やがて谷内は辞去した。時がうつって九時ごろ、突然覆面・抜刀し

あやうく難をさける

た怪漢が、かけ声もろともおどり込み、斬ってかかった。このとき吉田・都築・小楠の三人とも大小を床の間においていたが、梯子段ちかくにすわっていた小楠は、すばやく立ちあがると敵をかわし、身をひるがえして梯子段をかけ下り戸外に走りでた。武芸達者の小楠といえども、素手では立ち向かうすべもない。

たくみに危地をのがれた小楠は、常盤橋の越前邸にかけもどると、差しかえの大小をもって現場に取ってかえした。急を知った内藤泰吉はじめ十人ばかりが小楠につづいて檜物丁にかけつけると、すでに刺客の姿はなく、吉田と都築が疵を負って倒れていた。とりあえず両人を肥後藩邸におくりとどけ、翌二十日小楠は始末書をさしだした。そのなかに、

小楠の始末書

私儀昨十九日夜、都築四郎・吉田平之助近々このおもて出立につき、檜物丁町家において離杯相もよほし候ところ、五時すぎ狼藉者両人、白刃をさげ楼上へのぼり候を見かけ候へども、そのせつ私儀腰刀そば近くこれなきにつき、

すぐさま階下え下り候節、またまた一人に行きちがひ申し候。それより松平越前守様御屋敷（越前藩邸）え馳せかえり、両刀おっとり同所えかけつけ候へども、事散候あとに相なり候。・・・そのせつ都築四郎・吉田平之助手疵を負ひ申し候。私儀狼藉者うちとどむべきところ、腰刀身ちかく差しおかず機におくれ、恐れ入り奉り候。

と記している。

刺客堤自刃す

ところで刺客の堤・黒瀬・安田の三人はその場から京都に直行、逐一轟に報告した。轟は各方面に助命を嘆願したが成功せず、堤はついに南禅寺の裏山で自刃した。ときに二五歳。死にさいしてつけていた白衣に、「臣さきに江戸にあるや、売国の士横井平四郎を斬らんとす、不幸にして事ならず。生をぬすみ今日にいたる、その罪大なり。ゆえに自刃してもつて国家に謝す」と血書していた。

安田は、堤と京都に入ったのち、各所に奔走し、文久三年（一八六三）五月の馬関戦争には長州藩兵に加わり、また翌年の蛤御門の戦いにも参加して長州に引きかえしたが、反対党のために暗殺された。黒瀬は安田と行をともにしたが、安田の死後行くえをくらました。いっぽう小楠とともに刺客におそわれた都築は、軽傷だったのですぐ治癒したが、吉田は重傷のため死亡した。そこで吉田の長子巳久馬（一九歳）は父の怨みをはらすため若党一人をつれて仇討の旅にのぼり、四国松山で黒瀬の所在を確認、慶応四年（一八六八）二月三日鶴崎の竜興寺境内で、郡代立ち合いのもとに黒瀬を斬り、首を熊本にもち帰って父平之助の墓前に供えた。

四　士道忘却一件

暗殺事件に対する藩の処置

小楠は幕府の最高顧問とはいえ、無疵であったからとにかくとしても、藩の重役を死にいたらしめ、かつ藩士に傷をおわせた刺客らについて、藩庁は、これを処刑しようともせず、事件をうやむやのうちに葬っている。このことがまず第一の奇怪。しかし天網恢々疎にしてもらさず、主犯は肥後勤王党にたいして暗殺失敗の責めをおうて自害し、刺客のひとりは長州軍に投じたがのち暗殺され、他の一人は敵討ちの相手とされてこの世を去っている。つぎに藩庁は、刺客に暗殺計画を指示した宮部・轟の刑事責任を追求していない。これが第二の奇怪。さらに小楠暗殺を命令した住江は、その直後に重用さえされている。これが第三の奇怪である。いかなる場合にも政治には論理がなければならぬ。しかしここには保守派の論理としても、また革新派のそれとしても一貫したものがない。しかも、もっとおどろくべきことは、被害者小楠の心理を分析することなく、杓子定規によって一方的・独断的に、士道忘却の汚名をきせて社会から葬り去ったことである。ここに至っては、まことに奇怪千万と申すほかない。さらに肥後藩邸では、素手の小楠が敵に立ち向かわず、刀をとりに越前藩邸に引きかえしたことは、武士にあるまじき振舞い、士道忘却であるとして、ただちに小楠を越前藩から引きとって肥後に送還しようとたくらんだ。

この問題にたいする典型的な意見を二つ紹介しておく。まず小楠を政治顧問として重用した松平春嶽は、

松平春嶽の意見

平四郎儀は、先年借用相願ひ候以来、国政すぢにおいて多々功労もこれあるのみならず、当夏出府後は、なほもつて尊攘大義の講究をはじめ、天下の儀どもはしばし申し談じ稗益すくなからず、もつぱら信用いたしをり候ことゆえ、平四郎身上においては、却つて世間の媢嫉（けんしつ）嫌疑を生じ、種々の物議も洶々（きょうきょう）に相成り候儀、まつたく小生否徳のいたすところにて、平四郎にたいしても憂慚（ゆうざん）にたえず罷りあり候おりから、このたびの奇禍出来候ゆえ、心痛至極つかまつり候ことに候。

と。思いがけない災難で、その責任は春嶽自身の否徳のいたすところとして、もっぱら小楠の弁護につとめている。これと対蹠的なのは、江戸肥後藩邸の意見で

江戸肥後藩邸の意見

ある。まず、

平四郎、狼藉者を見かけながら、無刀にて常盤橋（越前藩邸）まで馳せかへり、期をのがし、かれこれ不つつかの至りにつき、このままおかせられがたく……

と断じ、武士道あい立つようにという越前藩の申し出にたいして、肥後藩は、

一旦とり失なひ候士道、相立ち候やうとの儀は、はなはだむつかしき御注文につき、平四郎儀せめて前非を悔い、自己と切腹いたし候ほかはこれあるまじく候へども、官府よりとなへ候筋合にこれなく、たれぞ朋友の場をもつて覚悟いたさせ候方にもこれあるべきか、かれこれ心配いたしをり候。

小楠に切腹させる方針

と、友人にたのんで小楠を切腹させる方針であると答えている。その後越前藩が下手・下手にでて折衝をかさねた結果、いくらか軟化した肥後藩邸は、小楠を受けとって帰国させる途中勤王党におそわれる危険も考慮にいれて、当分あずから

越前藩より預り方申し入れ

せてくれという越前藩の申し出をしぶしぶ受諾、ここにとにかく問題は一応落着した。小楠は十二月二十二日江戸をたって越前にむかい、約八ヵ月のあいだ藩政の立てなおしに努力した。

小楠帰郷

　文久三年（一八六三）八月十一日福井を出発した小楠は、長崎経由で同月二十五日熊本についた。この日、嘉悦氏房をはじめ小楠門下の人たちは、その師を近郊山伏塚まで出迎えたが、熊本では小楠が帰ったならば士道忘却の罪で厳罰に処せられるであろうと、専らのうわさであった。このとき小楠といっしょに熊本についた

越前より宥恕嘆願書

越前藩の使者は、藩主松平茂昭と前藩主春嶽連名の、肥後藩主細川慶順にあてた書翰、春嶽から長岡護美あての書翰、福井の老臣から肥後の老臣にあてた書翰の三通をたずさえてきたが、それらはすべて小楠の宥恕にかんして、情理をつくした嘆願書であった。

　御国議をもって重き御咎など仰せつけられ候やう相成り候ては、師弟の情実

ふかく断腸の心地に御座候。すべて拝借いたし候ゆえの物議にて、左様これなく候はゞ、かくのごとき災厄にも及ぶまじくと存じつめ候へば、いかにも心底において偲ばれざる儀、それがため重き御所置に相成り候ては安からざる次第につき、何卒この辺は高明の諒察を仰ぎ奉り候。

と。小楠の処分についてひどく心配し、その処分のかるいことを祈っている。なお越前藩の使者が持ち帰った細川慶順の返書には、小楠の処分は春嶽父子の直書の意のあるところを諒とするが、従来の藩の法規を無視することはできぬので、評議をかさねて適当に処分すると書かれていた。そのご十月二十一日・十一月六日の二回、元田永孚も小笠原国老に会って小楠処罰の寛典を乞うている。かれは『還暦之記』に、「このときにあたり武士道の論なほさかんにして、責罰はなはだ厳なり。余よつて先生のためにあらかじめ家老小笠原七郎にたいし、武士道論をやぶりて反復陳説していはく、方今天下変乱のとき、賢姦忠邪相争ふの日におい

元田・村上らの意見

て、一己私闘の旧律を株守(しゅしゅ)するは、当を失するの甚だしきもの、罰を加ゆることなかるべし」と記している。また十一月十七日薩摩藩の村上下総は中川宮(朝彦親王)に謁して、横井平四郎は熊本において目下お咎をこおむって幽閉中であるが、彼は時節がらお役に立つべき人材である、宮から細川に下命して幽閉を解いていただきたいと願いでている。

小楠罪状決定す

十二月十六日小楠の罪は決定し、奉行所で申し渡しがあった。それは、「去年十二月十九日の夜、都築四郎・吉田平之助申し談じ、江戸町家において酒宴相催し候席に、狼藉者ども抜刀にてまかりこし、見うけ候はゞ共に力をあはせ相当の処分もこれあるべきところ、四郎・平之助なりゆきをも顧みずその場を立ち去り、未練の次第、士道忘却いたし御国恥にもかゝはり、重畳(ちょうじょう)不埒のいたりにつき、きっと仰せつけられ候筋もこれあり候へども、御宥儀をもって、下しおかれ候御知行召しあげられ、士席さし放さる旨仰せいださる」と。

士席剝奪・知行取上げ

すなわち士籍剝奪・知行取りあげという苛酷なものであった。

同月二十九日細川慶順は、当時京都にいた松平春嶽にあてて、小楠処分のことを報告している。「いますこし寛典につき候やう反覆評議いたさせ候へども、士道のとりあつかひ旧典にもとり候ては、一藩の人気にもさしさはり候ことにつき、小子においても心底にまかせ申さず」と。慶順が、松平春嶽と藩法を盾にとって小楠失脚をねらう家老とのあいだに立って、苦慮しているさまが偲(しの)ばれる。それにしても、刺客一味にたいしては何らの処分もなし得なかった藩庁が、被害者小楠にたいしてだけ、この苛酷な処分（もし春嶽の懇請がなかったら自害させたであろう）をしたことは、なんとも腹にすえかねる。

五　良識の批判

処分に対する良識の批判

小楠の処分にたいする良識の批判は、まえに述べた元田の意見「方今天下変乱のとき、賢姦忠邪相争ふの日において、一己私闘の旧律を株守するは当を失するの甚しきもの」に要約することができよう。たとえば当時越前藩の重役たちのあいだでは、小楠が危地を脱したことについて、「命さえこれあり候へば、なすべきこともあるの見識にて、瑣々たる小節をもつて論ずべきにはこれなく候」といい、また春嶽父子も、「尋常の武士道を欠きたるものとは同視すべきにあらず」としている。

いっぽう社会の革新を意図する幕末維新の志士たちは、すでに形骸化した武士道倫理に呪縛されてはいない。そのことは上記の元田や春嶽の意見にもうかがうことができるが、坂本竜馬は、「なるだけ命はおしむべし、二度ととりかへしのならぬものなり。拙きといふことを、つゆばかりも思ふなかれ」(『軍中竜馬奔走録』)という。竜馬は薩長連合の成立した慶応二年(一八六六)一月二十三日の夜、伏見の寺田屋で伏見奉行の捕り方におそわれたとき、材木置場にかくれて難をのがれたし、木戸孝允は元治元年(一八六四)蛤御門の変に、会津の兵にとらえられたとき、用便と称し相手を油断させて逃げたが、その後も芸者幾松の家にかくれたり、箱丁や乞食に身をやつし、あるいは船頭や荒物屋のおやじに化けて幕府役人の目をくらました。このように幕末維新の志士たちは、瑣々たる小節に拘泥せず、命をたいせつにしたものである。

門下生の所懐

ところで小楠自身は、その受けた責罰をどう考えたであろうか。文久三年六月十五日付け、小楠が越前から嘉悦氏房・安場保和にあてた書状に、「私身分の儀、奪俸の国論の段、委細承り申し候。まことに痛心の儀は申すまでもこれなく候へども、それらをとやかく申し候ことにては御座なく候。これより御知行さしあげ候儀しかるべき筋に候へば、その御取りはからひなし下されたく願上げ奉り候」という一節があるから、こうした処罰をうけるだろうことは覚悟のまえだったようである。つぎに門下生たちはどう考えたであろうか。牛島五一郎の手紙につぎのような一節がある。「まことに師家の不仕合せこの上もなく、お互ひに何とも紙上につくしがたき儀に御座候へども、先生の御命さえこれあり候へば、今日の時勢おひおひには如何やうともはこび申すべく、このところは安心つかまつりをり候」と。これは単に牛島だけではなく、門下生一同の所懐でもあったのである。

第八　クーデター計画

一　公武合体の挫折

島津久光の建言

文久二年（一八六二）十二月十五日、将軍家茂の入京にさきだって江戸を出発した一橋慶喜(よしのぶ)は、翌正月五日京都についた。つづいて上京する予定だった松平春嶽と山内容堂の二人は、島津久光が、将軍上洛を見合せるようにと申しでたため、出立を延期することになった。久光のこの建言は、攘夷の即時断行をさけぶ過激派に乗ぜられることをさけて冷却期間をおき、かれらの気勢をそごうとしたものであった。つまり「かれこれ時日を経る間には、三郎（久光）着京して、国是一定の朝議をうながすべきなり」という意見で、春嶽も容堂も異議はなく、大久保利通と中

公武合体派ふるわず

根靫負の両人を上京させてその運動にあたらせることにした。大久保は九日、中根は十日江戸を立ち、十五日には二人とも入京した。

かれらが京都についてみると、尊攘派の勢力はとみに強く、公武合体派はこれに圧迫されて、国事掛の評定などは、もっぱら三条実美・姉小路公知の意のまま、青蓮院宮さえその機密にあずからぬという有様であった。かくて朝廷の大勢は尊攘激派志士の意見に左右され、長州・土佐などの有志が、しきりに攘夷即時断行をさけんで気勢をあげていた。このように青蓮院宮をはじめ近衛忠熙・中山忠能・正親町三条実愛など、在朝合体派の勢力のふるわない情勢においては、将軍上洛延期の問題など持ちだすすべもなく、結局大久保・中根らの周旋は不成功におわった。もはや在府すべきでないと見てとった春嶽は、正月二十二日江戸を立って二月四日京都につき、二条堀川の邸に入った。かねて申しあわせていた山内容堂も、すでに入京していた。島津久光を上京させ、三人力をあわせて公武合体達

成のためにまい進しようと希望をもやして入京した春嶽と容堂は、いざ京都について

京都の混乱

みると、薩と長とはたがいに反目しあい、三条・姉小路の過激派と、青蓮院宮・近衛らの合体派は離反し、京都守護職松平容保（かたもり）の力をもってしては、浪人たちの鎮圧さえおぼつかない混乱ぶりであった。かくて春嶽の心痛はひと通りではなく、こうしたとき小楠の助言の得られぬもどかしさを、どうすることもできなかった。

志士ら関白に迫る

いっぽう尊攘派も必死であった。幕府の要職がつぎつぎに入京し、やがて将軍入洛（じゅらく）ともなれば、京都の情勢は一変して、たちまち合体派の天下となるであろう。このさい急ぎ攘夷の期限を定むべきであるとして、久坂玄瑞（長州）・寺島忠三郎（同）・轟武兵衛（肥後）らは二月十一日、関白鷹司輔熙に建白書を提出し、もし容れられずば死んでも退かぬ、と決意のほどを示した。関白はさっそく上奏、天皇は即夜三条実美（さねとみ）を遣して慶喜に即答をうながした。そこで慶喜は春嶽・容堂・容

保らを召集して、夜を徹して協議した。このとき春嶽は、いますぐに攘夷の期限を決めることは、軽率しかもむずかしいことであると主張したが、結局、将軍の滞京日数を十日間とする、帰府後二十日ののち必ず外夷を拒絶する、などを決め、二月十四日慶喜・春嶽・容堂・容保四人連署の、攘夷期限にかんする覚え書きを朝廷に提出し、同時に諸藩にも通達した。かくて尊攘派の気勢はいよいよあがり、その言論もまた過激の度を加えた。

攘夷の期限決定

このような京洛の情勢をみた慶喜と春嶽は、もはや幕府が政権の座に安閑としているべきではなく、政権を返上するか、あるいはまた朝廷が改めて政権を幕府に委任するほかに、天下を治める道のないことを悟った。そうしたとき二月二十二日、激した浪士の一団が、嵯峨等持院の足利三代(尊氏以下)の木像の首をとり、三条河原でさらし首にするという事件がおこった。いうまでもなく徳川氏を足利氏に擬したものである。幕府がわは大いにおどろいたが、しかもそのとき将軍は

足利将軍木像の梟首

すでに上洛途中であった。慶喜・容堂・久光らと提携し、同時に青蓮院宮・近衛・中山・正親町三条らとも連絡して尊攘派の勢力を一掃し、京都の形勢を挽回して、公武一致の国是をさだめようとした春嶽の理想は、ここに全く瓦解したわけである。かくては将軍上洛もなんら意味をなさないと失望した春嶽は、ついに辞任を決意した。そしてさっそく越前藩の重臣会議をひらいてその諒解をえ、三月三日将軍の上洛を途中大津駅にむかえて、将軍に辞職を勧告するとともに、自分も辞職する覚悟であることを告げた。

春嶽辞職を決意

春嶽、将軍に辞職を勧告

これを聞いた幕府主脳部は、将軍出発前ならばとにかく、今日にいたってそのようなことを言いだす春嶽の言は不当である、せめて生麦事件（文久二年八月二十一日横浜生麦において薩摩藩士が外人四名を殺傷した事件）だけでも片づけてからにすべきであろう、と承認しなかった。そこで慶喜は五日参内して、「願はくは、このさいさらに従前のごとく、庶政をあげて関東へ御委任あらせられ、天下をして向ふとこ

慶喜、政務委任を奏請

ろを一に帰せしめらるゝやう」と願いでたが、これにたいする勅旨は、「征夷将軍の儀、すべてこれまで通り御委任あそばされ候。攘夷の儀せいぜい忠節をつくすべきこと」というのであった。かくて、政令一途幕府に任せてもらいたいと奏請した慶喜の事前工作はみごとに失敗し、あらためて攘夷決行の責任だけを負わされる形となった。これをきいて朝廷の言動に憤激した春嶽は、九日病気と称して引きこもり、総裁職辞退願を閣老に提出した。なお春嶽がこのように辞任を決意したのは、三月十二日村田巳三郎が高崎猪太郎に言っているように、「このせつ春嶽の辞表をだせるは、別意あるにあらず。まつたく術策つきはてたるゆえ」であった。つまりこの危局にさいして、身辺にすぐれた助言者・協力者をもたなかったためである。

慶喜の工作失敗す

三月二十一日、退京を決意した春嶽は、板倉閣老(静勝)に届書を提出すると、その承認もまたず京都を立ち、二十五日福井にかえった。これにたいして幕府から

春嶽、幕府より逼塞申し付らる

二十六日、「総裁職御免。逼塞仰せつけられ候」の達(たつし)がでている。もともとこんどの上洛にさいして春嶽は、できることなら小楠を福井から京都にまねき、いつもそばにいて助言してもらいたいと願っていたし、合体派の諸藩有志のあいだにもその希望は多かった。正月二十八日づけ小楠が自宅にあてた手紙には、春嶽はじめ越前藩一統は自分を京都に呼びたい意向で、また他藩の有志からも同様の申し出があるそうだから、あるいは出京することになるかも知れぬ。しかし自分としては心痛のこともあり、当分福井にとどまりたいと思う、と記されており、三月七日づけのものには、そのご諸藩からの要請もあり、上洛も止むをえないようであるが、自分はしばらく福井で静観していたい、と洩している。

いっぽう京都の形勢はその後ますます深刻となり、内外ともに多事多難、朝廷も幕府も一歩その措置をあやまれば、たちまち国家の一大事を引きおこす状態にまできていた。こうした情勢において、小楠は国家の前途を憂慮にたえず、在京

小楠、幕府に建白書を提出

の幕府代表に建白書をさし出したが、その要旨はつぎのようなものであった。航海の術がひらけて四海万民みな隣りとなった今日、四面海にかこまれた日本が、これまでのように孤立鎖国をまもることは到底できうることではない。早く開国して諸外国の長所をとりいれ、富国強兵の策を実行にうつすべきである。いまイギリスが要求する三ヵ条を拒絶すれば、かれは日本の非をならし、列国と申し合せて必ずや日本に戦争を仕かけてくるであろう。しかし今日のように国内の不統一に加えて、兵器の不備をもってしては、敗戦すること必定である。「たとへ勅命とは申しながら、この過挙に出でさせられ候ては、上は神明に対せられ、下は万民に対せられ、決して御申しわけ御座なく候へば、幾重にも御精神をつくしなされて、御諫諍あそばされ候やう、たつてねがひ奉り候。もしまた主上きこし召しなされざるわけ候へば、すみやかに大権御さしあげ、早々関東え御帰城のうへ、外国え情実分明に仰せきけられ、通信にて御ことはりに相成り候やう仕りたく」

という激しいものであった。

二　雄藩連合の構想

春嶽無断退京す

公武合体運動に失敗した春嶽は、辞表を提出して、その承認もまたずあわただしく退京した。それまでの春嶽の苦心と努力は多とするとしても、無断退京は軽率にすぎる。かくて越前藩の威信は地におちた。早急に信用挽回のための対策を立てねばならぬ。藩内の人心は、無断帰国の春嶽をむかえて動揺し、和協の気運もくずれかけた。小楠は信用挽回の対策を立てるまえに、まず人心を帰一させることが先決であると考え、越前藩の進むべき方向について藩主および藩士に助言するため、『処時変議』を草した。起草の日時は記されていないが、おそらく春嶽が帰国した三月二十五日の直後か、四月中旬頃までのものであろう。その要旨は、一旦緊張した士気はしだいにゆるみ、因循偸安（いんじゅんとうあん）の旧弊に逆もどりしたことは、

小楠『処時変議』を草す

にそなえ、一朝ことあるときは天下に先鞭をつけねばならぬ。なお真の治道とは、士民の疾苦をさっして救恤に力をそそぐことである。またすでに着手している農兵とり立て、蒸気船の買い入れ、安島開港などは、いかに莫大な経費がかかろうとも、これを断行せねばならぬ。そしてそれらを遂行するためには、まず藩主の率先垂範が必要で、藩主は農兵を検閲して士卒と苦楽をともにし、みずから蒸気船にのり組んで波濤をのりこえ、また開港地に出向いて経済事業を督励するのはもちろん、常時藩内をめぐって庶民の生活を知らねばならぬ、というものであった。なお現在おこしている藩の事業についても、費用が不足して紙幣が増発されるであろうことを懸念する向きもあるが、そのようなことは心配する必要はない、と積極的な経済論をとなえている。

小楠は『処時変議』をしるして越前藩の進路を示した。しかし一旦動揺した人

「朋党の病」を建言

心には、とかく間隙が生じやすい。小楠はさらに四月二十五日藩主に、「朋党の病」について建言している。すなわち、このような非常時にさいして仮りにも朋党の争いが激化するようなことがあってはならぬ。そのためにはまず藩主が率先して政治にあたり、朋党の生ずる余地なからしめることが必要である、という。

越前藩においては、失われた藩勢力を、なんとかして挽回せねばならぬと考え、三月六日藩主茂昭が帰藩したのを機会に、小楠を中心に種々評議がかさねられた。その結果、無謀きわまる攘夷論がはげしく朝廷をうごかしている今日、愚かにも幕府は成算のないのを承知で横浜鎖港の談判を開こうとしている。しかし外国がそれを承知するはずはない。かれらは朝廷を難詰するため、さっそく軍艦を大坂湾に乗り入れるであろう。対策は急を要する。越前藩はいそぎ二―三の大藩と相談して朝廷および幕府に建言し、すすんで国是確立のために努力すべきである、ということに藩論が一致した。そのためには薩摩・肥後・加賀・若狭の諸藩、および親藩で公武合体の同志でもある尾張・会津両藩によびかけるべきであるとして、手はじめに隣国の加賀・若狭に協議するため、四月十五日本多飛騨・牧野主殿介（とのものすけ）・由利公正を金沢に、松平主馬（しゅめ）・酒井十之丞・長谷部甚平を小浜に派遣した。

加賀・若狭に勧説

　こうしたとき幕府においては、攘夷の勅旨貫徹の望みなしとして慶喜は後見職を辞退するし、生麦事件の償金問題で幕府の奏上は再三くいちがう失態を演じるし、さらに将軍帰府にさいしては、奸吏の誅戮（ちゅうりく）・攘夷の即時実行などむずかしい条件をつけられた。かくて朝幕間の対立は激化の一途をたどり、一触即発の状態となった。そこで越前藩は大評定をひらき、藩論を一本化し、それをひっさげて大挙上京、朝廷と幕府に建言すべきであると決した。その藩議とは、①攘夷はとうてい実行できないことであるが、天下に布告した以上、今更あとには引けぬ、交渉の過程で是正するほか方法はない。鎖国の談判にあたっては日本国の独立と威信を保つよう十分注意し、各国の公使を京都にあつめて将軍・関白など朝幕要

朝幕間の対立激化

挙藩上洛計画

路の人々列席のうえで談判をひらき、双方の意見をだしあって十分研究し、しかるのち開鎖・和戦いずれかに決すべきである。②近来幕府の施政にはミスが多いが、これは将軍の側近に人材が乏しいからである。今後は朝廷が政治をおこない、賢明な諸侯を幕僚とし、さらにひろく人材をあつめるべきである、というのであった。

以上の筋書の作者はむろん小楠であろうが、これを成功させるためには、有志諸藩によびかけてその同意をえ、三−四藩が連合して大挙上京、朝幕双方に建言すれば、かならずや目的は達成されるであろう、というのである。これは緊迫した日本の危機を打開する方策であるのは勿論、越前藩にとっては死中に活をもとめる手段でもあったので、藩主をはじめ藩士も必死であった。かくて藩論は一決し、六月一日春嶽と茂昭は、藩士一同を城中にあつめて酒肴をふるまった。

中根、挙藩上洛をとどむ

たまたまその前日、中根靱負（ゆきえ）が京都から帰ってきた。それは上京中に朝・幕の重要人物をはじめ、尾張・紀州・長州・肥後・薩摩などの重臣と会見し、当面の諸問題について探査するとともに、京都の政情をくわしく観察した結果を春嶽に報告するためであった。ところが中根は、留守中の藩議決定を聞くと大いにおどろき、執政と小楠にたいして、春嶽および藩主の上京は未だその時機でないことを力説した。そこで六月四日藩庁首脳は緊急会議をひらいたが、席上小楠は両公の上京はすでに決定したことであるが、中根の意見にもとづいていま一度人を派して京都の情勢をさぐらせ、チャンスを見きわめたうえで上京してもおそくはないだろうと述べ、春嶽と茂昭もその意見に同調した。

さらに京情を探るため三名を派す

そこでさきに呼びかけた会津はじめ諸藩に連絡するとともに、さっそく京都の事情を探索させるため、牧野主殿介および青山小三郎・目付村田巳三郎の三人を上京させた。こうした矢さき

将軍東帰の報に接す

六月六日、将軍が京都を発って江戸に帰るという報告がとどいた。越前藩にとってはまさに青天の霹靂（へきれき）である。かくて越前藩の建白計画には、大きな手ちがいが

生ずることとなった。

これよりさき四月十五日、越前藩は本多・牧野・由利の三名を加賀におくったが、五月にはふたたび使をだした。また肥後藩にたいしては七月五日岡部を正使、酒井十之丞・由利公正を副使としてさし向けた。一行は藩船黒竜丸で三国を出港、十九日長崎につき、肥後藩の使者徳富一敬(いっけい)の出迎えをうけた。二十一日長崎をたった酒井と由利は島原を経由二十五日熊本につき、岡部は茂木をへて二十六日熊本に入った。そして三十日藩主細川慶順に春嶽父子の親書を手わたして、越前藩議の要旨を説明した。かくて肥後藩主の同意をえた一行は、藩主と公子から春嶽父子にあてた返書を受けとって、八月六・七日薩摩に向うことになった。ところが、肥後尊攘激派の轟武兵衛ら二十四名が、その途中を襲撃するという噂が立ち、一行は一たん島原に退き、海路鹿児島に向った。

肥後藩に使者を送る

越使鹿児島につく

薩摩藩では家老小松帯刀(たてわき)と大久保利通が、一行の応接にあたった。岡部は二通

島津久光の返書

の親書を手わたしたが、一通は春嶽父子から島津久光・忠義父子にあてたもので、それには一日も早く出京のうえ協力してほしいとの要望が記されており、他の一通は春嶽からとくに久光にあてたものであった。これよりさき京都における勢力挽回に腐心し、久光の上京を企図していた薩藩は、こころよくこれに応じたので、岡部らは首尾よく使命をはたして八月十四日帰途についた。このとき久光の返書には、つぎのように記されていた。「今般御使さしくだされ、御相談にあづかり候儀、抃躍（べんやく）の至りに御座候。目前の国難もこれあり候へども、皇国のおんため東西一時に上京、身命をなげうち周旋仕りたき含みに御座候」と。わが意を得たりという気持がみえている。

越使長崎で小楠に会う

帰途鹿児島から海路長崎についた一行は、そこで意外にも小楠に出会っておどろいた。小楠には榊原幸八・平瀬儀作・末松覚兵衛・海福雪（かいふくせつ）ら四人の越前藩士が従っており、自分ら使節が出発したあとで、藩論が一変したことを知らされた。

そこで岡部はさっそく、そのことを薩摩藩に報告するため、海福雪を鹿児島に急行させ、待たせてあった黒竜丸で帰藩をいそいだ。

三　越前藩論の挫折

藩論二分す

将軍家茂が江戸に帰ったことは、越前藩の計画に大きな支障をきたした。文久三年(一八六三)七月は藩主参府の期にあたっていたが、二月いらい将軍が上京していたことと、上洛の計画が藩議できまっていたため、茂昭は参府を見あわせていた。そこへ突然の将軍退京である。ここで藩論が二つに割れた。五月末京都からかえって、藩の上洛計画を時期尚早・不穏当であるときめつけた中根は、このさい藩主は参府すべきであると主張した。これにたいして小楠はじめ松平主馬・岡部豊後・長谷部甚平・由利公正・千本藤左衛門・村田巳三郎らは、藩主は春嶽とともに上京して藩の計画を実行にうつすべきであるとして、互いにゆずらなかった。

参府延期に決定

そこで六月七日の大評定となったが、結果は上洛派の勝利に帰し、中根は蟄居を命ぜられた。かくて藩の方針は藩主の参府延期ときまり、六月二十八日茂昭は幕府に延期願を提出した。ところがこれと行きちがいに幕府から、「参府時節にもこれあり、ほどなく公方様御帰府あそばされ候については、御相談のすぢもあらせられ候間、早々出府いたされ候やう」という六月十六日づけ閣老連署の書状がとどき、ついで二十四日づけの督促状がきた。そこで藩論はふたたび動揺し、このうえ参府を延ばせば親藩としての義理を欠くことになる、「宗家を推して朝廷を奉ずるこそ本藩の本意」という意見が、中根説を支持するいわゆる自重派からもちあがり、さらに七月六日京都からかえった村田の報告も、中根の意見とおなじく、春嶽父子の上京は時期尚早というのであった。評定はいくたびか繰りかえ

藩論一変参府と決す

上洛派つぎつぎに処分さる

され、本多・松平・長谷部・千本らは終始藩主の参府延期を主張したが、二十三日藩論は一変して、茂昭は近く参府することにきまった。そして即日、こんどは

本多飛驒・長谷部甚平・千本藤左衛門、二十五日には松平主馬がそれぞれ解職され、八月三日長谷部甚平は蟄居、村田巳三郎は左遷された。また岡部・牧野・由利らは、帰国しだい処分するということに決まった。

小楠暇を請う

このとき小楠は、自分が立案した一藩の大挙上京計画に賛成して、その実現のために東奔西走力をつくした藩庁要路の人々が、かくもつぎつぎに処分されるのをみて、心おだやかでなかった。これ以上越前藩にとどまるべきでないと考えた小楠は、春嶽と茂昭にいとまを請うた。はじめ慰留につとめた春嶽父子も、再三の請いに止むをえずそれを許した。

公武合体路線で時局を収拾することは、すでに不可能である。とすれば、一歩をすすめて雄藩連合によって局面を打開する以外に道はない。したがって小楠が構想した雄藩連合によるクーデターという方向は正しい。しかるになぜ中途にして挫折したのであろうか。①その中核となる越前藩が、親藩という条件にあったため。②いちじるしく勢力を伸ばした尊攘派にたいして、その感情を刺戟するだけで、逆にそれを懐柔する手をうたなかったため。以上二つの理由によるものである。かくて越前藩にかわって、時局収拾の救援投手として薩摩藩が登場する。薩摩藩のそれは、①外様藩だけによる雄藩連合、②尊攘激派にちかい西郷隆盛を代表におし立てる、という構想であった。

越前藩内の空気

当時、越前藩の大挙上洛という挙は、藩内においてはもちろん、全国的にも重大な反響をよんだ。まず藩内においては険悪な空気につつまれ、小楠が茂昭をおしこめて、春嶽をふたたび藩主にしようと陰謀をたくらんでいるとか、本多・松平らは藩政を独占して幕府からの機密書類を途中でおさえ、春嶽や茂昭に渡さなかったことが暴露して免職されたのであるなど、悪質なデマが乱れとんだ。また全国的には、越前藩は加賀・会津などを語らって、尊攘派を一掃するため上洛するのだとか、春嶽は開国論をひっさげて国事周旋にのり出そうとしている、など

越前藩に対する京都の情勢

の噂が京都にひろまった。そのため、春嶽父子上洛のさいの宿舎とさだめられていた京都の高台寺は、七月二十七日尊攘激派のため焼討にされ、ついで四条御旅所には、「高台寺奸僧ども、朝敵の寄宿さしゆるし、不届き至極につき、神火をはなち焼きすて畢(おわ)んぬ。向後右やうの者これあるにおいては、同罪天誅(てんちゅう)候ものなり」という張り紙がかかげられた。ついで八月はじめには、三条大橋に「北越春嶽、古今の国賊に候へば、一歩も洛中へ踏みこむことを許さず。勅勘(ちょくかん)をもはばからず、押して上京いたし候へば、旅館一々放火せしむものなり」と。また十一日には大津駅に、「朝敵松平春嶽、上京いたすべき趣き相聞へ、不とゞき至極に候。右につき越前道中において、春嶽同類のもの止宿はもちろん、人馬つぎ立てなどいたし候においては、天誅を加ふべき旨、きつと相心得申すべきやう申し聞け候こと」という張り紙がだされ、同じく十三日には、西本願寺の用人松井中務を暴殺してその首を三条大橋にさらし、「姦賊松平春嶽の姦計に与(くみ)し、人民の膏血(こうけつ)をすすり、驕佚をことゝするにより、天誅を加ふるものなり」の立札がたてられた。越前藩上洛という挙が、いかにセンセーションを巻きおこしたか、およそ察しがつこうというものである。

小楠は福井を去るにあたって、使者として九州出張中の岡部に、一書を書きのこした。そのなかに、「天下の変動、遠からざることにて、その節に臨み候へば、人材御もちひこれなくては、叶ひがたきは申すに及ばず候」と、天下の変動近きにあり、と予言している。

第九　蟄居生活五年

一　日本の小楠

家族の動静

小楠が熊本の近郊沼山津で生活したのは、前後あわせて八年八ヵ月であった。まず安政二年（一八五五）四月からはじめて越前にいくまでの三年間、越前藩の賓師となってから三回帰省したその滞在日数あわせて一年一ヵ月、そしてこんど帰藩して明治元年（一八六八）四月召命によって上京するまでの四年七ヵ月である。この間小楠の家族にはかなりの異動があった。沼山津にうつったときは老母・養母・妻ひさ子・姪いつ子・甥の左平太と大平、それに女中の寿加（すが）であったが、安政二年十月ひさ子が出産して子供はまもなく死亡し、ひさ子も十一月逝去した。翌三年つせ子と結婚、四年長男又雄が誕生。六年十一月母を喪い、翌万延元年姪いつ子が嫁いだ。文久二年（一八六二）には長女みや子が誕生、元治元年（一八六四）左平太と大平は神戸の勝海舟の塾に遊学した。したがって慶応元年（一八六五）には、養母至誠院・妻つせ子・又雄・みや子・女中の六人家族となった。

越前におけるクーデター計画が裏切られて帰藩した小楠は、謹慎しながらさきの小楠暗殺未遂事件にからむ士道忘却事件について、藩の処分を待つ身となった。むろん門生たちはいつも数名つめていたし、かれらに講義もしたが、やはり何となく陰うつな毎日であった。しかし、先にのべたような処罰がきまると、過ぎたことにくよくよせぬ小楠の気性として、かえって晴ればれと落ちついた気持で閑居生活を送るようになった。その間の生活を「偶興（ぐうきょう）十二首」の詩のなかに見てみよう。

「偶興十二首」

○客稀にして柴門（さいもん）をとぢて開かず、閑園に杖をひき幾吟回。日仙岳（せんがく）にしづみ暮霞（ぼか）紫なり、たまたま西窓に坐して酒杯を呼ぶ。
○笑みをふくみ家人酒を温めてきたる、請ふ君一酌せよ夕時（せきじ）の杯。初霜・白雪佳味なりといへども、またこれ醸成あらたなれば醅（はい）を発す。
○東海の波濤・北越の雪、あくまで光景をみて百杯をかたむく。十年かぎりなき風塵の客、故山（こざん）に帰臥して雨声をきく。

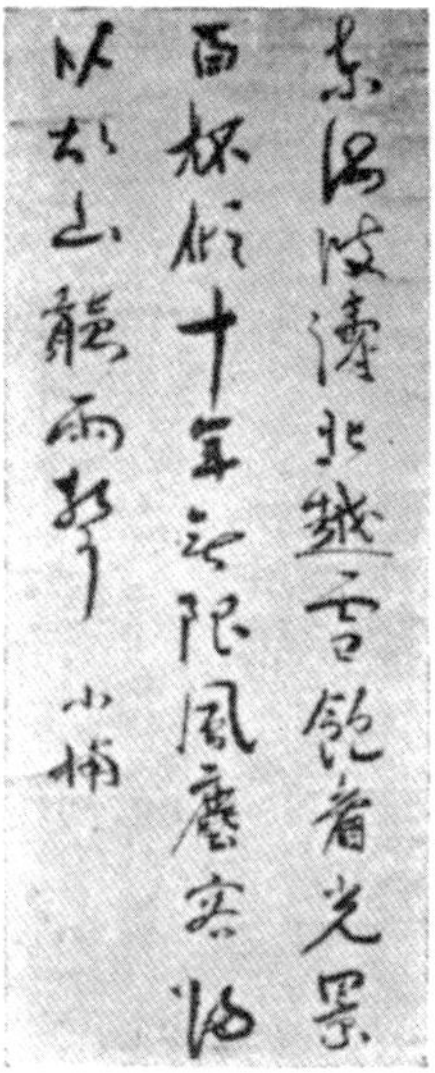
小楠筆「偶興十二首」の三

○客去りて西窓に酒いまだ斟（く）まず、門をいでていづこにか吟心を寄せん。平原渺々たり荒村（こうそん）の夕べ、一片の閑雲遠岑（えんしん）をわたる。
○臥しては書巻をみ坐しては碁をうつ、朝（あした）に緑茶を品（ひん）し夕（ゆうべ）に杯をとる。道（い）ふことなかれ閑人一事なしと、佳興をつくして吟詩に入る。

小楠が兼坂熊四郎に与えた扇面（著者蔵，前ページ参照）

○家人を催得して筆門をいづれば、秋光かぎりなし渺茫の原。小児は餅をたづさへ大児は飯を、いたるところ団欒して一樽をかたむく。

○客を西窓にひき落暉に坐す、諸君一局兵を発せよ。項劉の勝敗は平生のこと、大沢前にありて太帰せず。

○霜気軽寒新霽天、三竿の紅日前川にさす。残夢おどろき醒む枕辺の噪、柵をいでたるあひる水烟を破る。

○日々閑園の菜蔬にみずそそぐ、一壺の醪酒興いかばかりぞ。怪しむこのごろ食指頻々とうごく、まさにこれ釣隣鯉魚をうべきか。

○書巻なんぞ句解をもちひることをなさん、陶家の遺法これわが師。分明意会神融のところ、わらつて古人ともに一卮をとる。

○黄雲白雪満堂の秋、乱挿交枝またおのづから優。これ茶家にあらず公(宏)道にあらず、天然一種野人の流。

○北風吹きつくす長防の天、屍かばね丘となり血泉となる。なんぞ故山帰臥の客にしかん、梅花の窓下に日高くして眠る。

読書と思索の日々であった。退屈すれば散歩・作詩、野菜をつくり、花を活ける。来客があれば政治を論じ、碁をかこむ。朝には茶をすすり、夕には酒をたしなむ、そんな日々であった。酒好きなかれのこと、酒に託した詩にすぐれたものが多い。しかしさすがに小楠、政局の推移には、つねに注視をおこたらなかった。古を考え今を思う、その思索はじつにすばらしい。『沼山閑居雑詩』『沼山対話』『沼山閑話』などにみる卓絶した思想は、ここで生まれた。勝海舟はそのころのことを、「先生(小楠)は豪邁の質にあらず、天姿温厚、英敏超群。肥後に在る、つねに志をえず。あるひは田野に逍遥し、川潭（せんたん）に釣る。学士論客のその廬を訪ふ、終日談笑毫も倦色（けんしょく）なし、客歓をつくして去る。樵者（しょうじゃ）・田夫（でんぷ）に話す、みな先生の言をきくをたのしみ、先生また倦色なく、欣々然なり。その胸襟、もつて思ふべし」（『亡友帖』）とうつしている。

産業を奨励

小楠は利用更生にふかく心を用い、茶業奨励のためには自分も茶園をつくり、人にもすすめた。櫨（はぜ）についても良い品種をとりよせて村中に配り、品質の改善につとめ、川堤などには桑をうえさせて養蚕を奨励した。また世の利益になることを志す者には、力をおしまずよく世話をした。たとえば西洋医学に熱心だった小楠は、沼山津の医者桂大玄（のち矢野と改姓）が蘭法による眼科器械を購入する資金として、豪農の弥富（やとみ）らに謀って講を仕立ててやったりもした。

天下の小楠

さきに安政二年沼山津に居をかまえた頃から小楠の名声は諸国にきこえてはいたが、越前藩に招聘されついで江戸の檜舞台に立ったのちは、すでに天下の小楠である。したがって寒村に隠棲していても、松平春嶽をはじめ伊達宗城(むねなり)・大久保一翁など幕府の中心的人物から意見をもとめる密書の往来もひんぱんに、諸藩有志の来訪もまた多く、政局の推移はこの僻地まで手にとるようにわかった。

時局に対する意見開陳

かくて小楠は、大きくゆれ動く時局に処する越前藩および肥後藩のうごきを黙視するに忍びず、筆に口に時事問題にたいする意見を開陳した。とくにかれに絶対の信頼をささげる越前藩と、そこにいる同志・門人たちの新日本建設にたいする努力にたいしては、つねに適切な助言をおこたらなかった。たとえば①慶応元年(一八六五)二月、閣老松平宗秀と阿部正外(まさと)が上京したという知らせに接したさいは、幕府は朝廷への恭順の道を失わないようにと春嶽に忠告した。②慶応三年十月大政奉還によって、朝廷は新施政方針を示すとともに、諸大名を京都に召集するという知らせにさいしては、新政についての意見書を春嶽におくった。さらに③同年「国是十二条」を草して、福井の松平源太郎を通じて藩主茂昭に提出した。

公子護美藩政に参画す

いっぽう肥後藩においては、依然として守旧派の勢力が強かったが、それに反撥する人もしだいに増し、ひそかに小楠の門をたたいてその意見を傾聴する人々も多くなった。そして慶応元年（一八六五）、革新派の人たちが待望した公子護美（もりよし）が藩政に関与することになると、かれはまず小楠の起用を考えた。その間のことを宮川小源太は、「長岡良之助殿（護美）、国政にあづからるゝことになれり。また横井平四郎沼山（ぬやま）に世をのがれおりしを召し出され、国事に関する意見をたづねらるべしとのことなりしが、平四郎は、白骨同様になれる身のいかでか御用に立つべきとて固く辞退しけれど、許容なかりしかば、やむをえず熊本にいで、七日ばかりの間逗留して所存を申し立てゝ、たゞちに沼山に帰樵（きしょう）せり。その後もまた召しいだされけれど辞していでず。この節は重臣はじめ当路のむき、ときどき沼山におもむきて諮問し、平四郎の意見を採用することとはなれり」（『続再夢紀事』）と語っている。

二　春嶽の好意

知行停止・身分剥奪

事件からちょうど一年目の文久三年（一八六三）十二月十六日、肥後藩庁において、いわゆる士道忘却一件の処分が決定した。すなわち知行という封建的給与が停止されたばかりでなく、武士という身分までも剥奪された。熊本の城下を去る一里あまりの寒村で、六人家族をかかえた小楠の生活は苦しくなった。

家計いよいよ窮迫

もともと横井家は決して楽な家計ではないうえに、小楠が家督をついでからは職務給もなかった。門弟のなかには謝礼のほかに物質的な補助をする者もあり、夫人つせ子の親戚すじの矢島・竹崎・徳富・河瀬らはとくに面倒をみたようであるが、それでも歳末には講を仕立てたり借金をしたり、金策せねばならなかった。しかし安政五年（一八五八）越前藩に招聘されて五十人扶持をうけるようになると、ようやく家計は楽になった。ところがこんどの帰国である。越前藩の禄にもはなれ、肥後藩の知行も停止、生活はいよいよ窮迫した。

当時肥後藩の知行手取米（てどりまい）は百石につき十七石、百五十石の小楠は二十六石弱でしかなかったが、越前藩で五十人扶持（一人扶持一石八斗として九十石）を貰っていた。それがこんどは一時に両方とも打ち切られたのである。小楠ならずとも困るのは当然である。しかもすでに日本きっての政治家として高名なかれのこと、来訪者も多く、家計はまさにピンチであった。かくては門生・知己・友人などが貢いでくれる僅かばかりの補助などで立ちゆくものではない。小楠は少しばかりもっていた刀剣・陶器、さらに諸名士の筆蹟などを抵当に、諸方から借金した。

春嶽、肥後藩に小楠救助を申し出る

こうしたとき小楠の生活費を心配し、終始その面倒をみつづけたのは、小楠を恩師と仰ぐ越前の前藩主松平春嶽であった。かれは小楠が帰国するとまもなく、そのことを心配して、肥後藩にたいして小楠救助の交渉をはじめている。そのことは元治元年（一八六四）五月十六日づけ肥後藩庁が、在京の奉行副役（そえやく）に命じて、越前藩に承諾する旨の通達を送っていることによっても明らかであるが、それがいつどんな形で行われたかは詳（つまびら）かでない。しかし松平源太郎あて小楠の手紙に、「沼山の匹夫、毎年の御恩賜にて余命をつなぎ」云々とあり、また元田が「先生（小楠）これより沼山の村荘に隠退して世俗人に通ぜず、家禄なく生計日につたなし。春嶽公より金をおくりてその窮を救ひ、家計を立つ」（『還暦之記』）とあるのをみても、越前からの補助があったことはまちがいない。慶応二年秋熊本にきた下山尚が帰藩して、藩主・春嶽をはじめ越前の同志に小楠の窮状がわかると、一同はおどろいて、早速金をあつめて小楠に贈った。このとき松平家からは百両、同志一同からは五十両、当時としては大金であった。小楠は十二月十日づけ御側用人毛受（めんじゅ）鹿之助あてに、「さては当年柄わけて不自由に相成るべしと思し召しいだされ、百金拝領なさる旨仰せくだされ、肝に銘じてありがたく、つゝしんで頂戴つかまつり候。当暮は金極の究地におち入りいたすべきやうこれなく、拱手（こうしゅ）まかりあり

越前より百五十両送金

候ところ、御恩賜飛降まことに積欝を散じ、春風無限のいたりに御座候」としたためている。また同じく十四日づけ松平源太郎への書面には、「しかれば御社中御助力なほまた贈り下され、まことに意外の御恵技、御厚情のいたり拝謝申しつくしがたく存じ奉り候。先便にも貴意をえ候とほり、おかげにて去る暮の窮迫相しのぎ申すべきところ、この節の御助力にては十分の仕合はせ、近年至窮の貧家、にわかに光華を発し、満堂春風をむかへ、すなはち御廻しの姓名諸君に拝謝さしだし候」云々、という文句があるので、福井の同志からさらに送金がきたもののようである。よほど嬉しかったらしく、おさえきれない喜びが、紙面にあふれている。

春嶽、小楠の復籍を請う

また小楠の窮境に同情した春嶽は、慶応三年（一八六七）正月十二日づけ肥後藩主に一書をしたためて、「横井平四郎儀、先年厳罰を蒙り、この節はごくごく困窮まかりあり候よし。……ただ今にては、かれこれよほど歳月も相立ち候ことゆえ、

藩主細川の返書

何卒相成り候儀に候はゞ、出格の御憐評をもって召しかへされ候やう、小生においてもひたすら懇願奉り候」と、小楠の士籍復帰を懇請している。これにたいする細川の返書は、「旧来の国典これあり候までにこれなく、あらあら御案内もくだされ候通り、弊藩の義は偏固の習俗にて、都合しだい家中一統の人気にも関係いたし候あひだ、容易にとり扱ひもむつかしく、……重畳余儀なき次第、あしからず御了察くだされ候やう」というのであった。なお春嶽が小楠の復籍について交渉したのは、このときだけではなかった。春嶽の好意に感激した小楠は、慶応三年九月十二日づけ松平源太郎あての書中に、「宰相様(春嶽)毎々御直書にて小拙救恤の御申込みあそばされ候段仰せくだされ、まことに御懇篤の思し召し九拝ありがたく感涙にたえ申さず候。しかるところ此許の儀は、これらの筋ことに厳重にこれあり候あひだ、沼山の匹夫毎年の御恩賜にて余命をつなぎ、なんの望みも御座なく天命に安んじ罷りあり候あひだ、この段はお聞きおき下さるべく候」とのべている。春嶽のたびたびの申し入れにもかかわらず、肥後藩主は聞入れようとはせず、藩当局は法律と先例に呪縛（じゅばく）されて、小楠の士席復帰を峻拒（しゅんきょ）しつづけた。したがって、明治元年三月二十日維新政府の圧力をまってはじめて、小楠の士籍復帰は実現したのである。余談になるが、非常の時局には非常の措置こそ必要である。薩摩藩は時局が重大化するや即刻、流罪中の西郷をよびもどして、薩摩藩の代表者として起用しているではないか。幕末維新において、肥後藩庁には能吏はいたが、有能な政治家はいなかった。維新直前の五年間、この狂瀾怒濤の非常時に、雄藩連合の立役者小楠を一寒村に蟄居させる、なんたる無能さであろう。

三　門下の人々

小楠の門下生は、地域的に熊本・柳川・福井の三つのグループにわけることができる。まず熊本グループは、

熊本の門人たち

山田武甫・嘉悦氏房・安場保和・宮川房之・徳富一敬・同熊太郎・江口純三郎・徳永郡太・矢島源助・竹崎律次郎・同新次郎・河瀬典次・中島五一郎・内藤泰吉・野中宗育・中山至謙・長野濬平・岩男俊貞・同三郎・吉村嘉膳太・神足十郎助・馬淵慎助・林秀謙・野々口為志・兼坂熊四郎・下津鹿之助・元田亀之丞・内野謙次・鬼塚佑・緒方三八・宇佐川知則・伊藤荘左衛門・同四郎彦

などであった。このうち徳富一敬・矢島源助・竹崎律次郎・河瀬典次の四人について、徳富蘆花は「つせ子（小楠夫人）によつて、さらに師と親戚関係に入った最古参の矢島・竹崎・徳富らは情誼もまた一入で、何かといふては身を入れて世話をしました。つせ子・久子・順子の兄矢島源助が一番師のちかくに住んでゐて、その元締めの役をしました」（『竹崎順子』）と記している。小楠門下は多士済々で、四天王といわれた徳の山田武甫、識の嘉悦氏房、智の安場保和、勇の宮川房之、また小楠門下の三秀才として徳の山田武甫、学の徳富一敬、智の嘉悦氏房はことに有名である。

柳川グループ

つぎに柳川藩（福岡県）の門下生は、

池辺藤左衛門・同熊蔵・同亀三郎・津留敬蔵・浅川鶴之助・佐藤十左衛門・篠沢仙之允・西原正右衛門・檀熊五郎・同清十郎。準門弟とみるべきものに、十時摂津（家老）（はじめ長門と称す。立花壱岐の兄）・立花壱岐（同）・立花主計（同）・十時平馬（中老）・曾我祐準など。

このうちとくに小楠にみとめられたのは池辺藤左衛門であった。

福井の門人

さいごに福井についてみる。小楠は安政五年（一八五八）から文久三年（一八六三）八月までの約五年間、政治顧問として藩政を指導するとともに、蘊蓄をかたむけて人材の陶冶にあたった。したがってその薫陶をうけたものは非常に多い。

本多飛驒・松平主馬・酒井十之丞・毛受鹿之助・長谷部甚平・由利公正・村

田氏寿・千本藤左衛門・牧野主殿介・斎藤主齢・稲垣治郎・水野小刑部・青山貞・奥村坦蔵・堤正誼・松平正直

などで、このうち由利公正は小楠とともにあるいは単独に、幾度も沼山津の小楠塾にきて教えをうけたし、文久二年十月小楠に随行して翌年四月まで講義をうけた松平正直・青山貞・堤正誼・奥村坦蔵・山県岩之助・大谷治左衛門・横山強、そのほか遠く熊本まできて教えをうける者もすくなくなかった。

由利公正

小楠門下で傑出しているのは由利公正（一八二九〜一九〇九）である。かれは福井の藩政改革においては主として財政面を担当したが、従来の専売制度に反対して重商主義的な政策を樹立し、成功をおさめた。維新政府が成立すると参与として起用され、五箇条の御誓文の起草に関係、さらに新政府の財政を担当し、太政官札を発行して戦費にあてた。専売制の廃止と官札の発行は小楠の持論であったので、その思想的影響と考えられる。また五箇条の御誓文は由利の立案で、これに福岡孝

五箇条の御誓文草案

弟が意見を加え、さらに木戸孝允の考えを添加してできたのがその正文である。
由利の草案はつぎのようなものであった。

一、庶民志を遂げ人心をして倦まざらしむるを欲す。

一、士民心を一にし盛んに経綸を行ふを要す。

一、智識を世界に求め広く皇基を振起すべし。

一、貢士期限を以て賢才に譲るべし。

一、万機公論に決し私に論ずるなかれ。

この原案にもまた正文にも、小楠の論著や建白の類にみられる主義・主張が多分に

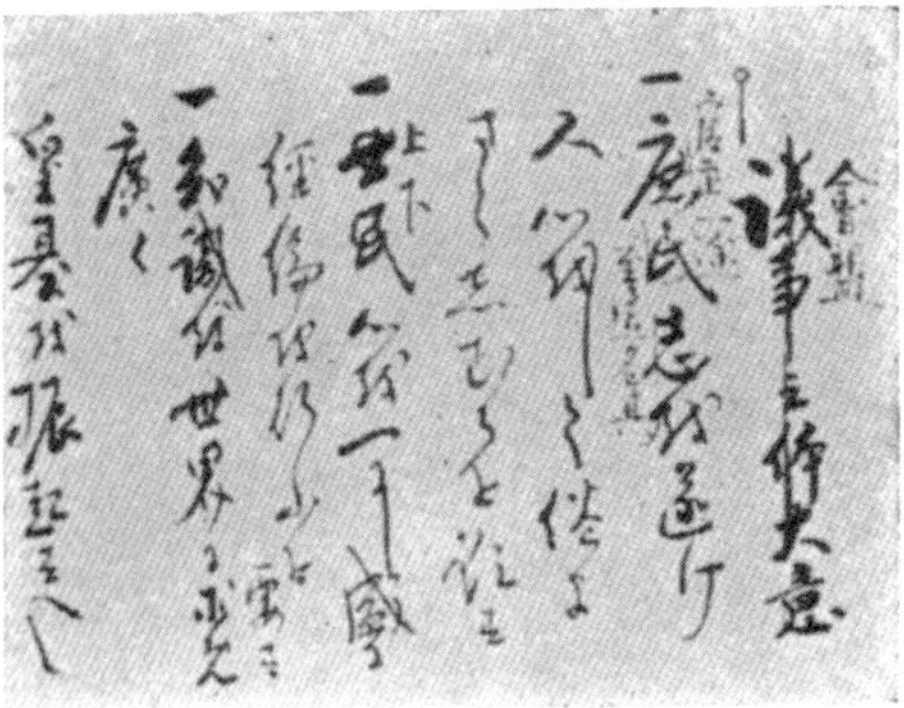

五箇条御誓文草案

ふくまれており、正文中の文句にしても、小楠の慣用語が多くみられる。由利は明治四年東京府知事、岩倉（具視）遣外使節に加わって外遊中免官となった。そのご民選議院設立建白に連名、明治八年および十八年以後元老院議官、二十年子爵、二十三年貴族院議員となった。野にあっても家業に従事し、福沢諭吉などと交わり、交詢社の成立にも尽力した。

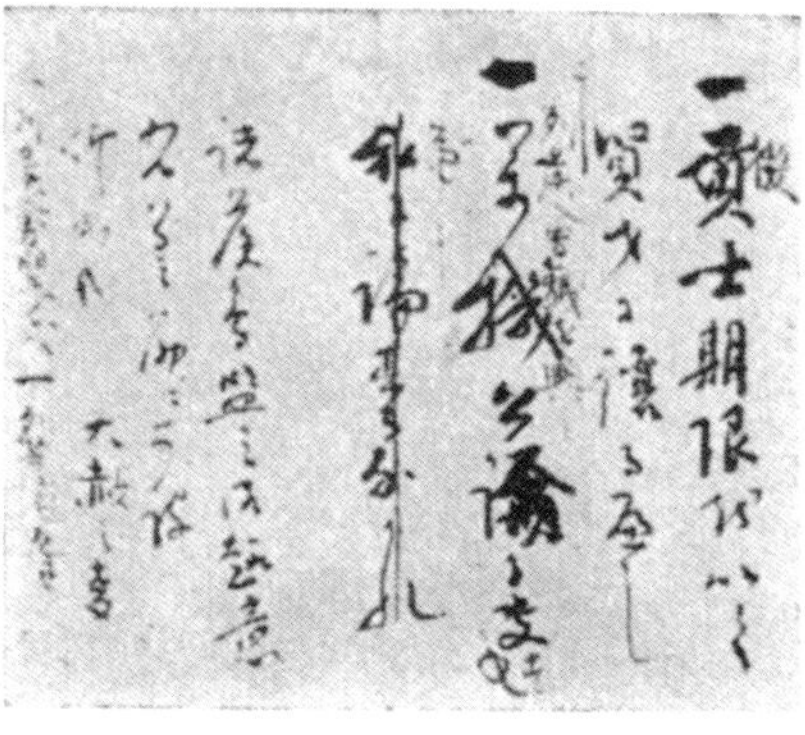

由利公正筆

四　小楠の交友

小楠の知友は多い。嘉永四年上国遊歴のさい訪ねた知友のことは前に述べたので、ここでは文通のあった人、新政府の参与となってから同勤の人などを地方別にひろってみる。

熊本　肥後藩（実学党）長岡監物・下津休也・元田永孚・荻昌国、（勤王党）宮部鼎蔵・永鳥三平、（学者）木下韡村（いそん）・城野静軒・湯池丈右衛門、（医者）寺倉秋堤・矢野大玄、（藩士）米田虎之助・吉田平之助・宮田源助・佐藤松喜・横井牛右衛門、（郷士）弥富（やとみ）平左衛門・志内半兵衛・弥富最勝院・伊藤太多次・河瀬安兵衛

福井　越前藩（藩主）松平春嶽、（藩士）橋本左内・中根靭負・三寺三作・岡田準介・野村淵蔵・鈴木主税・吉田巳三郎・矢島恕介・加藤藤左衛門・平瀬儀作・青山小三郎・本田修理・高田孫右衛門・堤五市郎・千本弥三郎・酒井外記、（学者）吉田悌蔵・伴圭左衛門・榊原幸八・矢島立軒、（僧）鴻雪爪（おおとりせっそう）、（医者）半井南陽（なからい）

新政府関係

その他（公卿）岩倉具視、（幕府）勝海舟・大久保一翁、（水戸）藤田東湖、（上田）桜井純蔵、（敦賀）吉田宗左衛門、（名古屋）沢田良蔵・田宮弥太郎・横井次郎吉、（山田）足代権大夫、（京都）中沼了三、（岩国）坂本格・井上司馬太郎、（萩）村田清風・吉田松陰・木戸孝允・広沢真臣、（土佐）福岡孝弟・坂本竜馬・後藤象二郎、（佐賀）田中虎六郎・副島種臣、（久留米）本庄一郎、（柳川）立花壱岐・立花主計・十時（ととき）摂津、（竹田）小川弥右衛門、（鹿児島）高崎兵部・大久保利通・西郷隆盛・小松帯刀・岩下方平

右のうち郷土の友人として元田永孚を、幕府関係から勝海舟を、そして雄藩関係から坂本竜馬をそれぞれとりあげて、その交友ぶりをみることにする。

元田永孚

元田永孚（えいふ）（一八一八〜九一）、通称伝之丞のち八右衛門といい、茶陽・東野はその号である。はじめ経史をおさめ二〇歳のとき時習館の居寮生となったが、そのときの居寮長が小楠であった。世禄は五百五十石で、藩の要職につき京都留守居・中小姓

元田永孚像

頭などをつとめた。明治三年（五三歳）細川護久（もりひさ）が藩知事になるとその侍講となり、藩政改革につくした。四年五月侍読として宮内省に出仕、のち明治天皇の侍講となった。十二年命により修身教科書『幼学綱要』を編集、十五年完成した。そのご宮中顧問官となり、「帝国憲法」「皇室典範」の成案に参画したが、とくに教育勅語の草案作成は有名である。かれは宮中における保守思想の代表者として、天皇中心主義教育の基礎確立につくした。明治初年その居大江村の「五楽園」に私塾をひらいたが、遺稿に『五楽園詩鈔』があり、その他進講に関する『講筵余吟』『経筵進講録』などがある。元田は小楠の識見の高

『幼学綱要』

教育勅語の草案作成

いことを評して「前に古人なく、後に今人なし」と推賞しており、小楠もまた元田の才気に嘱目してよくその指導にあたった。つぎに元田の著『還暦之記』のなかにみえるその交友ぶり、とくに小楠の元田評は興味ふかいので記すことにする。

小楠の元田評

「小楠先生は、かつて教誨をうくるところ、師兄をもつてこれにつかへ、先生は沼山に退隠していでざるによつて、ときに訪問して教へをうけ歓をつくせり。……先生の予における、その少しく善あれば口をきわめて称揚し、足らざるところあれば誹斥して置かず。しかれども又その意に適するところあれば、快然として光風霽月のごとし」、「先生国事を談ずるによつて余に謂ていはく、人吾兄をもつて、なすことあらざる者とす。われを以て吾兄をみるに大いになすことあるの人、ただ識たらずわれまさに吾兄をたすくるに識見をもつてすべし、始めて大いになすところあらん。また曰く、吾兄利口を止めよ、利口あやまるところあらん。しかして先生みづからいふ、われは利口者なり、人の及ばざるところ」と。なお、のち元田はその能文・能筆を駆使して、偉才しかも抜群の卓見をもち誠意の人でありながら誤解され傷つけられつづけた小楠を、弁明し顕彰するために、懸命の努力をおしまなかった。

元田がいかに小楠に傾倒していたかを知る文献に、『北越土産』（安政五年）と『沼山閑話』

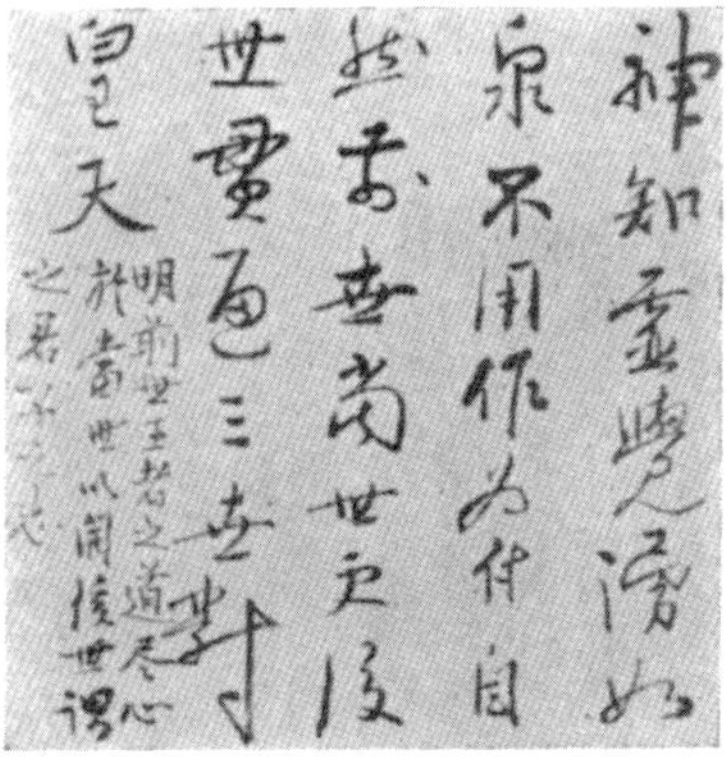

小楠の筆蹟（横井和子氏蔵）

神知霊覚湧如泉
不用作為付自然
前世・当世更後世
貫通三世対皇天
明前世王者之道
尽心於当世以開後世
謂之君子之志

山閑話』（慶応元年）がある。前書は「越前藩の顧問」の項でふれたので、ここでは『沼山閑話』について記すことにする。これは元田（四八歳）が沼山津の閑居に小楠（五七歳）をたずねて閑談したときの要旨を筆記したもので、元治元年（一八六四）の井上毅（こわし）（二一歳）との問答録『沼山対話』とともに、小楠の円熟した思想を知る最上の文献とされているものである。いまそのなかの二－三の意見を紹介してみる。

天職に精進すべし

まず天職に精進すべきことについて。人は天中の一小天で、自分より以前の先人と、自分と、自分より以後の後人との三段の人をあわせてはじめて「天」の全体を形成するのである。故に自分の先人は前世の天工をたすけて自分にゆずった。自分はこれをついで後人にゆずり、後人はまたこれをついでその後人にゆずる。このように人には、前生と今生と後世の三段があるが、これはみな一天中の子であって、この三人があってはじめて天職を全うすることができるのである。体は自分一生の仮りの宿であって、自分は死にかわり生きかわって天につかえるこの道は古往今来かわることがない。故に一身の利害・禍福・栄辱（えいじょく）・死生などの欲望に迷わず天職に精進すべきである、というのである。

欧米人の欠陥

つぎに欧米人の欠陥について。西洋通信いらい相当の年月がたったが、かれらは日本の人情を知らないので双方の意志が疏通しない。これは畢竟学意の相違にもとづくもので、西洋の学はただ事業上の学問にすぎない。かれらの学意によれば事業はますます開けるが、心徳の学がないので人情を解せず、したがって交易上の談判にしても事実や約束だけを盾にとって理づめでくるので、ついには戦争となる。戦争になればなったで事実を詰問し、賠償金をとって媾和をむすぶ。人情を知っていれば、戦争の惨禍はさけられるはず。ただワシントンだけはこの見識をもっていた。事実の学だけで見識がなければ、西洋列国には、いつまでも戦争のない平和な日はおとずれないであろう、という。

幕末の危機

さいごに幕末の危機について。現在天下の危機は切迫しているのに、幕府は学徳のある名臣や列藩の俊秀を用いることをせず、いたずらに薩・長をにくみ、一二の閣僚が会津・桑名と結託して権勢をほしいままにし、そのため天下はますます混乱している。このさい幕府は私心を去って公明正大に、天下とともに天下を治めるの心に立ちかえったならば、必ずや立派な政治ができるであろう、というのである。

勝海舟像

勝海舟

勝海舟（一八二三〜九九）は通称を麟太郎といい、叙爵して安房守という。安房・海舟はその号である。蘭学・西洋兵学をおさめ、万延元年（一八六〇）咸臨丸（かんりんまる）の艦長としてアメリカに渡航した。元治元年（一八六四）海軍奉行となり、幕末期の海軍創設に尽力した。明治元年（一八六八）陸軍総裁、戊辰戦争には西郷隆盛とともに江戸無血開城に努力した。維新政府の外務大丞・海軍大輔を歴任して、明治六年（一八七三）参議兼海軍卿となり、のち元老院議官・枢密顧問官となった。

当時の幕臣のうち、小楠がもっとも親交の厚かったのは、勝海舟と大久保一翁（忠寛）であろう。小楠が海舟とはじめて会ったのは、『海舟先生氷川清話』のなかに、海舟の言として、「横井小楠のことは尾張のある人からきいてゐたが、長崎ではじめて会つたときから、途方もない聰明な人だと心中おほいに敬服」したということ。しかしそれがどんな機会だったのか、またいつだったかわからない。とにかくその後は互いに意気投合したようで、小楠が江戸に滞在した文久元年（一八六一）四月から八月までのあいだ、しきりに往来しているし、松平春嶽の政事顧問として出府していた翌二年はなおさら親しく交際している。当時軍艦奉行並で諸藩の志士とも親交があり、内外の情勢にも明るかった勝は、幕僚の綱紀のみだれをなげき、一国の危急存亡のときにあたって開鎖など枝葉末節の問題を論じている場合ではない、諸侯が一致して海軍の強化に努力することこそ国をおこす大業であると強調したが、かれの意見に心から賛意を表したのは大久保一翁と小楠だけ、他はこの卓見をかえりみようともしなかった。翌三年勝は海軍所の費用扶助を請うため坂本竜馬を春嶽のもとに遣わしたが、このときも小楠は周旋の労をおしまなかった。それから三ヵ月、福井を辞して熊本に謹慎中だった小楠は、勝の主張する海軍問題や、大久保一翁のことが気がかりで、二度手紙をだしている。二回目は十一月三日づけであるが、「かねて御高論のとほり、今日の第一義海軍の一途にこれあり、開鎖の論などいたづらに関是非を争ふのみにて、なにもさしおかれ、この一途におはこびなされ候へば、自然に人心開明は相違御座なく候。さりながら廟論おそらくはこれに一定仕るまじく、ふかく懸念つかまつり候。……大久保公（一翁）御再用ともうけたまはり、いかゞの次第にて御座候や」と記している。

勝からの返書

これら二回の書翰に対する返事と思われる元治元年（一八六四）一月二十五日づけ勝の手紙には、大久保の件は「江戸も相かはらず空談がちにて、番町（大久保）もいまだそのままに相成りをり候」、また海軍については、「海軍もこの再御上洛（将軍）、侯伯京間の入費にて、おほかた倒れ申すべく、なかなか正大の世話は及びがたきやと相考へられ候」と記している。

長崎差遣の勝に『海軍問答書』をおくる

二月九日、下関を攻撃しようとするイギリス・フランス・オランダの連合艦隊と談判するため長崎に急行すべしという幕命をうけた勝は、坂本竜馬をしたがえて出航した。勝の長崎滞在のことを知った小楠は、かれに伝言するため肥後藩士庄村助右衛門を長崎につかわし、あわせて自著『海軍問答書』をおくった。勝は

勝、竜馬を小楠の許につかわす

使命をはたすとすぐ陸路熊本にきたが、謹慎中の小楠にあうすべもなく、自身は城下にとどまって竜馬を沼山津につかわした。その目的は、一つには時事問題をくわしく小楠に伝言するため、また一つには、家禄を没収されて生計にこまって

いる小楠に、金をおくるためであった。

勝は帰坂すると、摂海砲台の増築よりも、まず海軍力を増強することの必要性を力説した。そして五月十四日軍艦奉行にすすみ、安房守に任ぜられた。

小楠の長・薩観

八月五日づけ小楠の手紙は、蛤御門の変における長州軍の敗北を、「京師変動いつたん相おさまり、この末いかゞと想像仕り候。長はおもひのほか手弱く、まことに児戯とも申すべく、一笑仕り候」と。ついで「薩大隅公（島津久光）も遠からず上京、かつ良之助（長岡護美）も近日この地出発まかりのぼり申し候。薩・肥このせつは一致仕るべく、大いに都合よろしく御座候。……薩は決して疑惑はこれなく、これは小拙分明に見取り」と記している。小楠は、肥後の僻地に蟄居させられていてもなお、決して風塵（ふうじん）の外の閑人ではなかった。

勝の主宰する神戸海軍操練所には二百余名の諸藩士が寄宿していたが、勝は来る者は拒まずの主義をとっていたので、革新的な藩士も多く、なかには京都にお

勝、免職さる

ひたすら国事を想う

れば当然捕縛されるはずの長州藩士さえいた。とくに塾頭坂本竜馬をたずねてくる志士のなかには、幕府の注意人物もすくなくなかった。そんなわけで勝はいつも幕府からにらまれており、元治元年（一八六四）十一月二日、突然江戸によびよせられて、軍艦奉行を免職された。まだそのことを知らぬ小楠が十一月十日づけでよせた手紙には、「征長落着のうへは諸藩有志の御方は、ただちに御上洛、心力のかぎりおつくしなされたく、及ばずながら内輪もつぱら心配つかまつり候。薩・肥・越の三藩さしはまり候へば、その余の諸藩も響応仕るべく、なにぶんこの三藩一致のところ第一にて、天下公共の国是相立て申したく存じ奉り候」と。また「方今の勢ひ戦争ほど適薬は御座なく、薩・会・越など趣向は相異なり候へども、因循の気習はやうやう変却にむかひ、珍重仕り候」と書いている。及ばずながら内輪もっぱら心配仕り、と、自分が黒幕になって薩摩・肥後・越前をおどらせる筋書を書いているさまが窺われる。

これにたいして勝は慶応元年(一八六五)一月二十日づけで返事を書いた。自分は去年免職になったこと、ついで長州にたいする処置がなっていないこと、江戸の形勢は現在のところ無事であることを知らせ、神戸操練所については、いまのところ「御取りやめの方しかるべきや」と冷笑している。また小楠の建策については、「御示教の策相立て候へば、少々覚知候者もこれあるべく、なにぶん当時は天保度の旧弊人ならでは在官いたされがたく、わずかに気骨ある者も放官と相成り、さてさて是非なき次第。気運の変、形勢の遷転は存外のものと存じ候。畢竟は人物これなく、無識ゆえと恥ぢ入り候ことに御座候」と。長州再征に対する意見としては、慶応二年四月二十三日づけ、「ちかごろ承り候へば、征長またまた再発とかや。いまに及び候ては、名節これなく同属相喰み、他人のために笑はれ候はなんとも悲歎のことども。大言に似候へども邦内かれだけの御所置、あへて手間ひまはかかり申すまじきことは察せられ候へども、領国御大侯だけも傍観、童稚

勝、軍艦奉行に再任さる

勝、閣老に進言

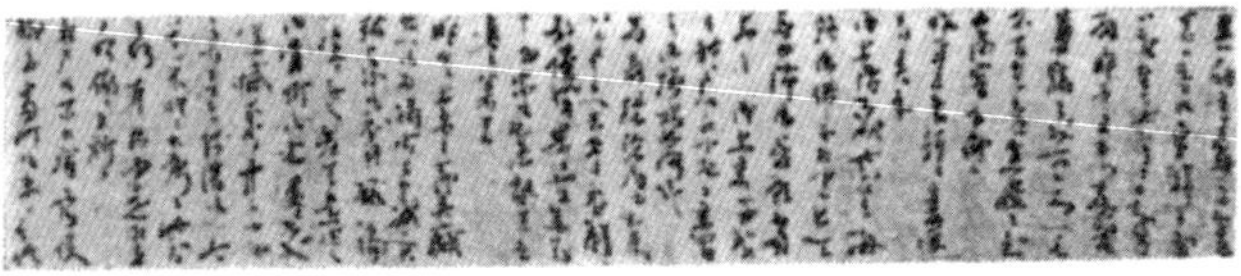

からの手紙

輩（はい）、家をやぶり国をあやふくいたし候は、欧米諸州の見るところも恥ぢ入り候ことゝ存じ候」と。

同年五月二十八日、勝はとつぜん軍艦奉行の再勤を命ぜられ、六月一日着坂するとすぐ、会津・薩摩調停の内命をうけ、京都でその周旋にあたって使命をはたした。当時幕府の財政ははなはだしく困窮し、長州再征にしても、閣僚の意見はかならずしも一致をみず、とくに薩摩藩は出兵の命にしたがわぬ、という情勢において、勝は板倉閣老に進言した。まず第一、三―四人の狎邪（こうじゃ）の小人をしりぞけて天下に謝すること。第二、すみやかに長・防の実情を知り寛大の処分をすること。現在幕府は財政に窮して勘定奉行小栗上野介（忠順）がフランスから八百万両を借り入れようとしている。そんなことにでもなれば、フランスにとっては思うつぼ、

将軍家茂死去

長州再征おわる

勝、再び閑散の身となる

勝　海　舟

日本国家はたちまち瓦解(がかい)するであろう、というのである。こうした非常時の七月二十日、大坂城の将軍家茂が急逝した。勝はさっそく、政事を一橋慶喜に一任すべきであると建言して、成功した。

機をみるに敏な慶喜は、長州再征が勝算のないことを見てとると、朝廷に出陣辞退を申し出た。かくて勝は内密の使命をおびて九月二日、安芸の辻将曹・植田乙次郎、長州の広沢兵助・井上聞多(もんた)らと宮島に会見し、将軍の喪によって幕府軍を撤収するということで、長州再征に一応のけりをつけた。重大使命をはたした勝は九月十日帰京したが、帰ってみると幕府の態度は打ってかわって、至って冷淡であった。勝は九月二十八日再び板倉閣老(勝静)に、長州の処分は公平至当でなくてはならぬことを建言したが、十月一日には、用向きのことはすべて終了したからとして、帰府を命ぜられ、再び閑散の身となった。

小楠より勝へ、国事を憂う

これよりさき七月十一日づけ小楠あての手紙には、時局にたいする意見と職を辞したい旨をのべ、「至嶮(しけん)の時機と存じ候、御高案くだされたく」とその意見をもとめ、長州再征についての建策も書きそえている。小楠は八月三日づけで、長州再征はまことに遺憾である、徳川家については、「大樹公(家茂)御薨去・征長瓦解、大難事一時に到来、安危寸尺にせまり申し、御継嗣橋公(慶喜)しひて御辞退とうけたまはり、いづれ御深慮あらせらるべく存じ奉り候。皇天もし皇国に幸したまへば、かならず賢明の君立たせたまふべし。一新更始、今日にこれあり、危を変じ安となすは更にうたがひ御座なく候。しか能はざればまたあるべからず。同属相喰(は)む惨怛をきはめ申すべく候。天意いづれにかあるや、恐るべしおそるべし」、「越老公(春嶽)御出方はまことに急流底中(ていちゅう)の柱とも申すべく、この節は十分の御尽力あそばさるべく、ふかく念願奉り候」と、しきりに春嶽の出馬と尽力を希望している。勝はその著『亡友帖』にこの書簡をのせているが、それには「慶応二年六月、余譴責中、突然として命あり、大坂にいたる。七月、将軍大葬のことあり。このさいの悲惨いふべからず、国家挽回すべからざるの勢ひますますかたし。ひそかに使を馳せて先生（小楠）の所見を問ふ。これそのとき余に答ゆるものなり」と付記している。勝はわざわざ熊本まで使者をだして小楠の意見をきいたのである。吉本襄著『海舟先生氷川清話』のなかにみえる「人見市太郎海舟評」には、「そのよく他の長所に感服し、南洲・小楠をよぶに先生をもってするがごときは、翁（海舟）に慢気あると同時に、慢気ある者にみるべからざる謙遜なるところ殊勝なるところあるを見るべし」と。勝は小楠に対してつねに先生の敬称をもってした。勝がいかに小楠に傾倒し、尊敬していたかが推察できる。

勝、小楠書翰に付記

坂本竜馬との出会い

坂本竜馬（一八三五～六七）（二八歳）がはじめて小楠（五四歳）をたずねたのは、文久二年（一八六二）七月のこと。当時小楠は幕府の政事総裁松平春嶽（三五歳）の政治顧問とし

坂本竜馬像

て、江戸の越前藩邸にいた。竜馬との出会いについては春嶽の手記にくわしいが、それによると、ある朝とつぜん土佐藩士竜馬と岡本健三郎の二人が春嶽をたずねて面会をもとめた。執事があうと、二人は尊王攘夷論者で、江戸にでてきた理由は「勝安房（海舟、四〇歳）・横井平四郎（小楠）の両人、暴論をなし、政治に妨害あり」という世論を信じて、両人に面会し対論するためである、それで春嶽に紹介を乞うというのであった。おそらく竜馬は、幕府の思想的中心人物である両人が、世評どおり日本の進路について偏見をもっているならば、説得して正論にかえさねばならぬ、もし聞き入れぬときは、新生日本のため両人を刺殺することも辞せぬ決

竜馬、勝・小楠に傾倒す

意を秘めていたに相違ない。春嶽も大名中の傑物、そうした竜馬の気魄(きはく)を感じつつも、すすんで信頼する両人あて紹介状を書いた。ところが竜馬は勝と小楠に会ってその意見をきき、この二人が世評とはまるでちがって、誰よりも純一に日本の将来を考え、そして適確にその進むべき道をつかんでいることを知った。かくて竜馬は、さっそく勝の門下生となり、終生その片腕となって海軍の育成に活動することとなった。また小楠に対しては、勝のもっとも信頼する先輩であるという関係も加わって、死にいたるまで直接・間接その指導をうけている。

第一〇　維新政府の顧問

一　岩倉具視の懇請

召命きたる

慶応三年（一八六七）十二月九日の王政復古クーデター直後のこと、横井小楠（五九歳）を登用するという新政府からの達しが、十八日夜京都肥後藩邸にとどいた。重役三宅藤右衛門と溝口蔵人はさっそく国許の家老に申し送ったが、そのときの書状には「同人は御案内どほりの身分にて、天下の御政道を議せられ候参与局などに差しいだされ候ては、何とも不都合、……そのまま差しいだされ候ては御家中一統の物議なにほどに御座あるべきや、甚だもつて懸念つかまつり候」と、小楠登用に賛成できかねる旨をつたえている。ところでこの報告は大晦日に熊本につい

反対論沸騰

たが、藩庁では反対論が沸騰した。つまり「平四郎儀、才力はこれあり候へども、先年諸侯伯参勤寛期、かつ家族国勝手などの儀、同人もっぱら尽力いたし、なるほど天下のおんためを謀り候てのことにてこれあるべく候へども、幕庭においてはこれより段落いたし、もしやこのせつ朝廷の御運上において、右様の御都合にどもなりゆき候ては、才力これあるほど、その辺の儀は心づかひにこれあり、かつまた同人儀は士道忘却、一藩の人望つきはて候人物に候ところ、天下の御政事にもかかはり候やう相なり候はゞ、家中の人気も沸騰いたすべく、さ候はゞたとへ朝廷の御用に相立ち候ても、率土（そっと）に混雑を生じ候わけに相なり、さ候ては、全体の御趣意にもかなひ申すまじく」というのであった。

藩庁、小楠は病気だとして召命を断る

明けて（明治元年、一八六八）正月十三日ごろ、肥後藩庁は京都留守居を通じて、「平四郎儀、近年病躰にまかりなりおり候ことにつき、如何躰にも朝廷の御用にさしいだしがたく御座候」と、病気のためその任にたえぬという報告書を朝廷にさしだした。いっぽう朝廷においては、諸藩の有志をあつめてはみたものの、新日本建設の大構想をもっている者は殆んどいない。岩倉具視とその幕僚の由利公正は、ほとほと閉口した。かくて小楠の出馬が是非必要となったのである。そのころの事情は、在京の安場保和が国許の兼坂熊四郎と馬淵慎助におくった書翰、

在京安場からの手紙

三岡（由利公正）も越邸引きはなち候て参与に仰せつけられ、仁和寺宮・岩倉公・三条公非常の御英明にて、同人えは御依頼の御もやう、まづ今日朝廷の正脈をつなぎとめ候は、この人に御座候。沼山（しょうざん）先生（小楠）えは旧臘十六日ごろ御召しいだし、大晦日にその御使ひ熊本着いたし候へども、御国もとかれこれ俗論さしおこり、一応御病気と仰せ立てられ、おことはり仰せ上げられ候ところ、ここもと邸（京都藩邸）中にては、なかなか御ことはりでき候勢ひにこれなく、留めおきに相成りをり。明二十七日（一月）田中八郎兵衛・良公子（長岡護美）、ふたたび御召の儀をもち罷りくだり候せつ、沼山先生御催促、かつ由良洞水お召しも

一同に仰せ越され候。さ候へば、下地熊本も私ども出立前大いに気脈も打ちかはり候運びに相成りをり候間、この節は万事相決し、良公子御発途も申すまでもこれなく、沼山先生も必定御出方に相違なく候儀と相考へをり申し候。三岡(由利公正)も、諸藩有志輩の無経綸にて、ほとんど困りはてをり、ただただ先生の御出現を万祈いたしをり申すおもむきに御座候。

小楠の登場を待望

によって理解することができる。明治元年の日本は、新生日本の進路を指示する思想家、横井小楠をもとめていた。

護美、小楠召命を断る

二月晦日京都についた長岡護美は、翌日参与職を命ぜられたが、五日には岩倉具視に小楠の召命をことわる手紙を送っている。これにたいして岩倉はさっそく、

岩倉の返書

「しかれば横井平四郎召しにより上京のところ、先年江戸表において云々、すべて巨細御書付け御示諭いづれも承知せしめ候。だんだん御入念の儀にては候へども、右等決して御心配には及ばず、かねて人才のおもむき聞こし召し入らせられ、こ

のたび御用召の儀に候間、早々まかり出づべく候やうお取り計らひ給ふべく候。もっとも三条はじめ示談のうへお答へに及び候」と内示した。そして三月八日かさねて召命がでた。かくなる上は肥後藩としても小楠を上京させるより仕方がない。

肥後藩、小楠を士籍に復す

そこで、「先年、おとがめによりて御知行召しあげられ、士席さし放たれ候ところ、このたび朝廷より赦（しゃ）仰せいだされ候につき」と、まず士籍に復し、二十二日出京を命じた。

晴れの船出

小楠は明治元年四月八日、肥後藩船凌雲丸に乗船、百貫石（ひゃくかんせき）港から、いよいよ晴れて上京の途についた。このとき同船したのは江口純三郎と下津鹿之助であったが、ほかに藩から京都遊学を命ぜられた江村宗益（そうえき）がいた。細川文書『横目聞書（よこめききがき）』によれば、江村が経学（けいがく）修業のため上京することを知った小楠は、この時勢に漢学の勉強か、英学でも学んだらどうだ、と言ったため船中いざこざをおこしたと記されている。

小楠が大坂につくと、すでに参与としてその得意とする財政を担当し、活躍していた由利公正が、大よろこびで出迎えていた。喜んだ小楠はこのとき由利に、「わが邦世界無比の幸福あり、皇統の一系これなり。加ふるにおくれて開く、これまた一の幸なり。他日大いに成ることあるべし。たゞ君徳を補翼し奉り、条理のあるところに任ずれば、開明無比の域に達せん。あへて疑ひを容れず」と、その抱負を語ったという。

出京の抱負

二　新政府の最高顧問

小楠は着京すると早々、公人としての繁忙な生活がはじまった。四月二十日づけ自宅あてに、「着後、旧病も次第に快き方にて、仕合せに御座候。日々多忙のいたり、まことに困り入り申し候。ただいま通りにては、老体（六〇歳）まことにもつてたまり申さず」と書き送っている。同月二十二日徴士参与を命ぜられ閏四

徴士参与を命ぜらる

月四日入京したが、そのご病気のため引きこもり、十二日はじめて太政官に出勤して制度局判事に任ぜられた。もともと小楠は新政府に召し出された人のなかでは最年長で、しかも識見は抜群だったので、岩倉ははじめ小楠を顧問にするつもりでいたが、松平春嶽の助言によって、ひとまず制度局判事としたのである。

制度局判事となる

その経緯は『春嶽手記』によれば、「先年わが越前へ招請して、試論の大意大いに国益と相成り候ことをまづ最初に陳述し、つぎに国家に驕者(きょうしゃ)に相成候こと、密事漏洩、あるひは衆人をあつめ候て飲酒などの議まで申しあげ候。なほ愚意の趣きも申しのべ候ところ、岩倉卿も御同意、もつとも思し召され候よし仰せ聞けられ、いよいよ顧問は相止み、制度寮に入れられ候ことに相決し候」であったという。

顧問見合わせの経緯

なお閏四月十三日自宅あての手紙には、「着京以来昼夜来客、大ひまなしにて、外邪の養生もでき申さず、出勤つかまつり候ところ、四つどき(午前十時)より七つどき(午後四時)までかれこれ多用、そのうへ、引きとりよりただちに岩倉様にまいり、

多忙な日々

大名・公卿との交歓

夜四つ（午後十時）ごろに帰り申し候。今日も同様にて夜にかかり申すべく、かやうの繁用にて、これにはまことに困り入り申し候」と。ついで十九日、「太政官もだんだん御改正にて、私も近日に顧問に転任仰せつけらるゝ御模様、さやうに相成候へば、まことに多用にて、実にもつて迷惑に存じ奉り候」と記している。庶政一新のさい、小楠の該博な知識にたよるところも多く、ことに岩倉は小楠の献策を全面的に用いていた。なお「春嶽公・閑叟公（鍋島）はじめ諸大名かつ公卿がた、大いに心安く仕り」とも記している。福井時代からの心友で当時「白衣の宰相」といわれた僧雪爪の著『山高水長図記』の「三樹風煙」に、「一日風和かに気温かなり、一―二の賓客と閑話す。しかして客をうること七―八に及ぶ、みな退食公よりするもの、団欒して室に満つ。座は斗酒をおくのほか淮南の一味のみ。適はなはだし。この日会するもの大久保甲東（利通）・木戸松菊（孝允）・広沢兵助（真臣）・福岡孝弟・三岡（由利）公正・小原鉄心・横井小楠・寺内暢三・名和緩等なり。乙夜にして散ず。

明治元年閏月(四月)十七日」とみえているが、これは小楠が入洛してから十二―三日のちのこと、場所は京都三本木の雪爪の家、頼山陽の旧居老竜庵であった。この日の客は小楠の同役の人々であるが、雪爪は大名や公卿との間にも、こうした会合をもち、小楠もときどき出席したようである。

参与に任命される

閏四月二十一日の第三次官制改革に、小楠は抜擢されて参与となり、従四位下の位をもらった。

明治初年の官制改革はじつに複雑で、第一次改革は慶応三年(一八六七)十二月九日、明治天皇の王政復古大号令の諭告によって、総裁・議定・参与の三職がおかれた。第二次改革は明治元年(一八六八)一月～二月。まず一月十七日議定級に分課規定を設け、神祇・内国・外国・海陸軍・会計・刑法・制度の七課とし、ついで二月二十三日には三職(総裁・議定・参与)・八局(総裁・神祇事務・内国事務・外国事務・軍防事務・会計事務・刑法事務・制度事務)・徴士・貢士の制度および官職名簿を発布した。

数次にわたる官制改革

第三次改革は同年閏四月二十一日。このときは太政官を議政・行政・神祇・会計・軍務・外国・刑法の七官とし、府・藩・県の制をさだめた。さきに三月十四日「五箇条御誓文」を発布、万機は公論によって決することになったので、議政官を第一位において最も重い権力をあたえた。宮中には上下両局を設け、上局には議定・参与・弁事をおき、議定には親王・諸王・公卿・諸侯を、参与には公卿・諸侯・大夫・士・庶人をそれぞれ任じた。なお議定と参与は政体の創立、法制の制定、機務の決定、および賞罰・条約・和戦などのことを掌握した。

そのご第四次改革が二年七月におこなわれ、神祇官・太政官・民部省・大蔵省・兵部省・刑部省・宮内省・外務省・大学校・弾正台・皇太后宮職・春宮坊・留守官・開拓使・按察使などが設けられた。明治四年七月の第五次改革は廃藩置県にともなうもので、太政官制の改革すなわち総官制の改革がおこなわれている。このようにわずか四年の間に、官制に数度の大改変があったが、明治新政府草創期という条件のもとでは、止むをえないことであったろう。

小楠は明治元年（一八六八）四月召しだされて徴士参与となり、閏四月制度局判事、さらに同月二十一日（第三次改革）参与となっている。このときは、それまでの人はすべて免職となり新たに任命されたのであるが、それは主として大久保利通の意見によったものとされている。

議政官

議定　三条実美・岩倉具視・中山忠能・正親町三条実愛（さねなる）・徳大寺実則・中御門経之・松平春嶽・蜂須賀茂韶（もちあき）・鍋島直正・毛利広封（ひろくに）

参与　小松帯刀・大久保利通・木戸孝允・後藤象二郎・広沢真臣・副島種臣・横井小楠・由利公正・福岡孝弟

行政官

輔相　三条実美・岩倉具視

新政府は、その首脳者たちに位階による貫禄をつけるため、輔相には二位の右大将、議定には二位の中納言、参与の藩士には四位、弁事の藩士には五位を授けることにしたが、当時としてはこれは破格の沙汰であった。小楠は自宅あての手紙に「四位の参与、古今比類なき仕合はせ、ふかく恐懼つかまつり、なんとも致しやうこれなく候」、また「従来このせつの御登用まことに存じがけなき仕合はせにて、四夫の身をもつて四位の官をたまはり、天下一新の御政事にあづかり候は、二千年来そのためしこれなく、かつまた他の参与は、京都に出かかりの面々直に仰せつけられ、列藩在住のもの召され候は、三岡(由利)と私ならびに木戸準一郎(孝允)の三人までにて、まことに非常の御抜擢は骨に透り、ありがたき仕合はせに存じ奉り候。天恩重大無限のいたり」と感激している。

上京以来健康すぐれず、病軀をおして勤務にはげんでいた小楠は、五月末になると病状がつのり、ついに欠勤するようになった。その後病勢は悪化の一途をた

遺表を口授

どり、一時は重態におち入った。そこで小楠自身も一応覚悟をしたらしく、門弟を枕辺にあつめて遺表を口授した。それは人道・治乱・君徳・交際の四ヵ条からなっており、小楠がいつも君主を堯舜にたとえて、国運を進展させようとする熱意にもえていたことがわかる。海老名弾正（小楠の女婿でキリスト教界の耆宿）は、この遺表の第一条冒頭にある「良心は道の本なり」の一語を、小楠学の極意であるとしている。

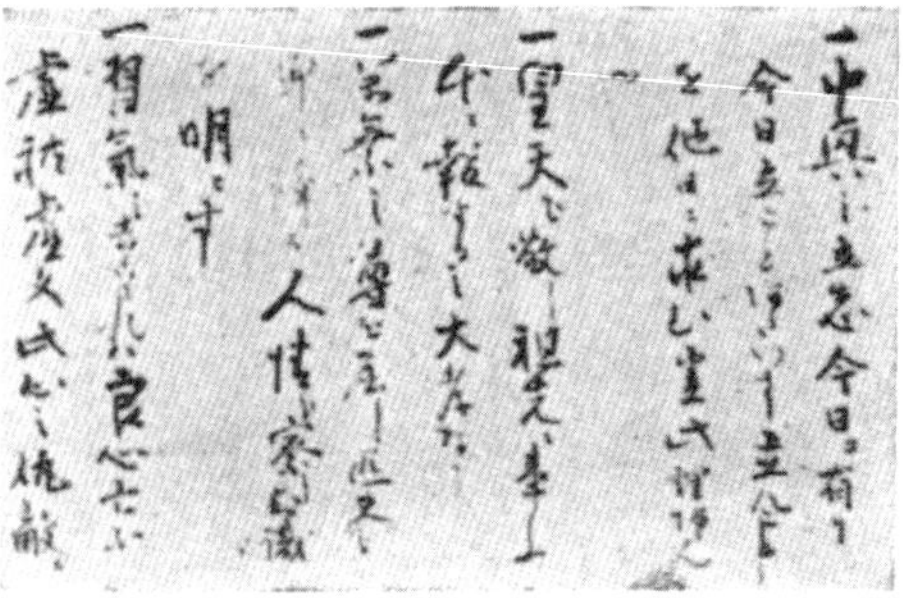

（横井和子氏蔵）

久しぶりに出勤

その後小楠の病気は一応小康をえたが、なかなか快方にむかわず、一進一退をつづけるうち、九月はじめには近くを散歩できる程度に快復し、十五日から出勤、十月中は元気に政務をとった。しかし十一月に入って病気は再びぶりかえし、十二月に入ると

自宅あて最後の書信

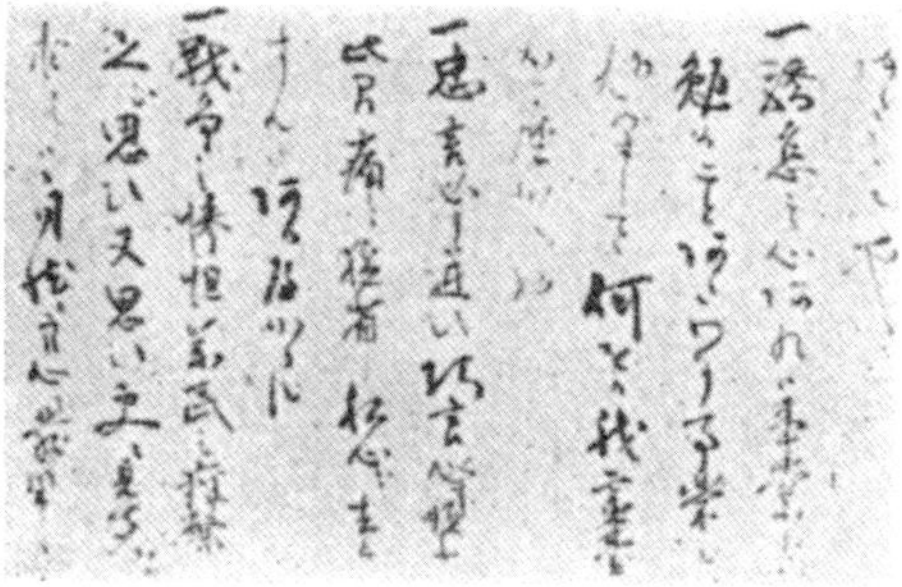
小楠筆「七条」

病勢はにわかにあらたまって勤務にたえられなくなった。十二月二十日づけ自宅あてに、十日あまり引きこもっているが、今後も快復の見込みがなければ辞表を出すより仕方がない、と書き送り、さらに二十六日づけの手紙（自宅あて最後のもの）には、「昨夕も不快ながら、岩倉公よりよびにまいり、七ツ（午後四時）ごろより夜四つ（十時）すぎに帰り候くらいにて、致しかたこれなき次第に御座候」と、病気を押して政務の諮問に答えているさまを記している。

岩倉の信頼厚し

小楠は太政官中で最年長であり、しかも識見は群をぬいていたためなにかと優遇され、病身だから気ままに出勤するようにと許されていた。とくに岩倉の信頼はあつく、自宅にもまねいて意見をきいていた。小楠もまた、「この公（岩倉）は非常の才力これあり、なかなか大名などには比類これなき偉材」であるとしており、門人の立花壱岐に、現在当路の三職以下を見渡してもみな目前のことに処するまでの人物ばかりで、治道の本源に志のある人はいない。ただ頼みとするは聖上の英明と岩倉の偉才だけである、と話したという。それほど傾倒する岩倉のこと、小楠も胸襟をひらいて十分にその経綸をのべたことであろう。

京都における住居

小楠は上洛後しばらくは大宮通り四条下ル灰屋八兵衛方にいたが、まもなく高倉通り丸太町南の井上九兵衛方にうつった。しかし次第に来客も多くなり、ここも手ぜまとなったので、十二月十三日寺町通り竹屋町上ル下御霊（しもごりょう）神社鳥居前の大垣屋に転居した。ここは家族をよびよせるために借りた宏壮な邸宅で、たたみ数二百枚あまりもあり、「私をり候ところ座敷にて十二畳半につぎの間十畳、九尺床にて違ひだななど美をつくし、この方角にて第一の美宅……庭もこれに応じ、と十二月二十日の手紙で申し送っている。さらに二十六日には、上洛するについてのこまごまとした指示をしたため、家族一緒に住める日を待ちわびていた（これが小楠の自宅あて最後の手紙である）。

第一一　小楠暗殺事件

一　凶刃に斃る

還暦の春を迎える

明けて明治二年（一八六九）、小楠は六一歳の新春を迎えた。正月には病気もいくぶん快方に向ったようで、一月五日かれは烏帽子・直垂の正装で午前から太政官に出仕、退朝は午後二時すぎであった。小楠の駕籠(かご)は寺町御門から御所をでた。駕籠わきには若党の松村金三郎がつきそい、五－六間はなれて上野友次郎がつづき、二十間ほどおくれて門生で当日の護衛番である横山助之進と下津鹿之助がしたがった。このとき駕籠あとをつける刺客の一団があったが、神ならぬ身の小楠しるよしもなかった。かねて身辺をつけ狙うもののあることは、もとより覚悟のまえ

刺客小楠の駕籠をつける

だった小楠は、門人たちにたいして、たとえ自分が非業の最期をとげるようなことがあっても決して復讐をしてはならぬ、と厳しくいましめていた。御所をでた小楠の駕籠が、丸太町の角を通りすぎたところで、まず黒覆面の刺客上田が駕籠にむかって発砲し、それを合図に刺客の面々は駕籠をめがけて寄せてきた。すばやく駕籠をぬけでた小楠は、短刀をぬいて身がまえた。前後左右から斬りかかる敵、それを防ぐ味方、たちまち乱闘の修羅場

応戦ついに斃る

京都市寺町における小楠の遭難地点
（標石があり，碑銘は「横井小楠殉節地」とある）

となった。小楠は駕籠をうしろ楯に、四方から攻めよせる敵を短刀で防いだが、病後でしかも老体のこと、思うにまかせず、幾太刀かうけたうえに横合いから斬りこまれた一撃にどうと倒れた。鹿島がその首級をあげて西へ走ると、他の刺客らもあとにつづき、横山と下津がこれを追跡した。急をきいてかけつけた若党の吉尾七五三之助が富小路川辺で鹿島らに追いつくと、かれらは即座に小楠の首をなげつけ、吉尾がそれを拾うまに、いずこへか逃げ去った。

刺客と暗殺関係者

かくて明治二年一月五日、横井小楠は浪士の凶刃にたおれた。刺客は上田立夫・土屋延雄・前岡力雄・中井刀禰尾（とねお）・鹿島又之允および柳田直蔵の六名であった。通説にしたがえば、事件の大すじはつぎの通りである。明治元年（一八六八）十二月中旬のこと、旧知の上田と土屋はたまたま京都の町中で出会った。そして御一新以来すべてが洋風にかわりつつあるが、その張本人は横井小楠である、しかもかれは、キリスト教を国内にひろめようとしている、日本のために一日もはやく小楠を暗殺せねばならぬ、と意見が一致した。そこで十津川屯所（十津川道場ともいう）とよばれる上平主税（ちから）の家でその計画をねり、十二月下旬にはすでに刺客六人の盟約がむすばれたという。上平は大和（奈良県）十津川の郷士で、志士のあいだではかなり名前の売れた顔役であった。この計画の相談にのった者は、上平のほかに和泉（大阪府）の儒医中瑞雲斎、備中（岡山県）の儒医大木主水と公卿広幡（ひろはた）忠礼の家来谷口豹斎、出雲（島根県）の神官の家にうまれた儒者金本顕蔵、武蔵の神官の子塩川広平、その他三十数名いたが、いずれも時の流れからとりのこされた手合いである。

ところでこの通説では、暗殺は上田と土屋が立案し、上平主税らが協力したことになっている。しかしいうまでもなく、事実は反動派の中小ボスたちのたまり場である十津川屯所で創案・計画されたもので、中心人物は上平であり、思慮のとぼしい二十代の青年上田・土屋らは、殺し屋として動員されたとみるのが常識であろう。

二　刺客の逮捕

幕末において暗殺に関与したのは、理想にもえる尊攘派の志士たちであった。しかし転換期における時勢の推移は急テンポであり、社会の現実はきびしい。尊攘激派のなかでも時代のうつりかわりを洞察する叡知をもった人々は、維新後新政府の吏僚として、あたらしい日本を建設する推進力となったが、これに反して教養と能力と意欲を欠いだ者たちは、志士くずれとして、攘夷を売り物に転落のみちをたどった。維新後十年間、日本の社会はそうした志士くずれの跳梁になやまされたのである。小楠を暗殺したのも、またそうした連中であった。

刺客の履歴

刺客の履歴をしらべてみる。上田立夫は石見(島根県)の人、郷士の二男で三〇歳。土屋延雄は備前(岡山県)の産、名主の伜で二三歳。前岡力雄は大和(奈良県)の産、郷士の二男で二六歳。中井刀禰尾も大和の産、郷士の伜で二四－五歳。鹿島又之允は、美濃(岐阜県)の産、武士の二男で二四歳。柳田直蔵は大和の産、足軽浪人で二五歳である。総じていえば二十代の青年で、厄介者あつかいされる下級士族の次男坊が多い。希望を失ったそれらの人たちにとっては、ずるずると殺し屋にでも転落するほか生きる道のない時代でもあった。

十津川郷士の評価

この事件においては、十津川屯所で暗殺の策謀がなされ、刺客六人のうち二人が、十津川郷士、そのほか関係者にも十津川郷士が多い。ところで維新後における十津川郷士の評価は、明治二年十一月在京肥後藩吏員松本彦作の、藤村兵部権少丞との対話書き取りのなかに、「十津川浪士、……近来は二派党をたて、一派は真の勤王にて、昨年来北越の役にも大いに忠勤をつくし、軍功もこれあり候につき、五千石か郷中御賞賜もこれあり候よし。いま一派は偸安苟且(とうあんこうしょ)の徒にて、旧幕のせつはもつぱら会・桑(会津。桑名)に相媚(こ)び、金銭に目くれ候よしにて、口に勤王をとなへ候へども、……さらに役に立ち申さず」とみえている。すでに往年の十津川郷士の信念は、その片鱗だにのこしていない。尊攘の美名にかくれて、すべて金銭で取り引きする暴力の徒輩にすぎぬ。十津川屯所には、そこをたまり場とする全国からあつまった反動派の中小ボスたちが、そしてかれらとつながる、生活にこまった大ぜいの志士くずれがいた。とすれば、かれらを飼っている実力者がいたはず、私はそれを小楠暗殺事件の主謀者とみていいと考える。

中井弘蔵の説

中小ボスをリモート＝コントロールした実力者はだれか。それにはまず新政府に批判的な大名・重臣であるとする説がある。事件のあと三月二十八日、外国官判事中井弘蔵は、「今日京摂の間に激徒相発し、にはかに攘夷の論をおこし、これもまことの公明ならよろしく候へども、かげよりは不平悲怨の諸侯・重臣ら、かの激徒を煽動・鼓舞して横井らを暗殺せしむるは、みなこれ朝廷の爵禄を欲して得られざるより、かれらを除き段々瓦解せしめんとの姦計なり」と、不平大名・公卿であるとしている。しかしその後の捜査線上には、大名の名は浮かびあがってこない。

親兵団一件

とすれば、問題は公卿である。当時公卿某が、浪人をあつめて親兵団を組織しようとしていた。それは皇室をまもるのに諸藩の士では、おのおのその藩主のためを謀るおそれがあるから、という理由であった。親兵団一件の斡旋役のうちボスは中瑞雲斎で、小楠刺客のほとんどがそれに参加することになっていたらしい。ところがその構想は、小楠や神田孝平らの反対によってついに日の目をみなかった。その怨恨が小楠暗殺の動機となったというのである。これで、西南雄藩の御親兵をこころよからず思っていた反動派の公卿、および中小ボスが小楠暗殺に関係していたことはわかる。

親兵団の評価

なお親兵団については、松平(民慶)家所蔵文書「君山より梅堂あて書翰」に、「そもそも御親兵連中など、いづれも以前は国を脱し候やうの人物にて、とても規則にかかり候やうのものにもこれなく、下等にいたり候ては帯刀こそいたせ、町人・百姓やうのもの多分にて、前後を弁別候やうのものにこれなく、ただただ世のさわぐを面白がり申すぐらひ」とみえている。これによっても小楠が、浪人をあつめて御親兵とする意見に反対した理由がよくわかる。

不審の公卿

なお公卿説に関しては、事件直後の一月十一日づけ在京の長野濬平（しゅんぺい）らが、国許の安場保和らに変事後の諸状況を報じたなかに、「公卿のうちにも不審の家これあり、一昨々夜、京府の兵隊を以て御とりかこみ相成り申し候」とみえている。

小楠暗殺事件の黒幕は大名ではなく公卿、それも親兵団関係の公卿であると断定していい。しかし遺憾ながらその姓名がはっきりしない。そこで視点をかえて、刺客処刑にいたるプロセスにおいてたえず小楠を中傷し、犯人を弁護したボスはだれか、そしてかれらをあやつった公卿の実力者はだれか、追跡をつづけてみる。

三　黒幕の策動

反動派の策動

反動派の公卿にとって、新政府の思想的指導者小楠の存在は、目のうえの瘤（こぶ）にひとしい。そして〝邪魔者は殺せ〟という幕末における尊攘派の倫理は、反動派の間ではなお健在であった。かくて小楠抹殺の指令が、反動派の公卿から十津川屯所のボスに伝えられ、ボスはさっそく暗殺団を組織した。ところで反動派の公卿は、小楠暗殺のことを、いかにして正当化しようとしたか。日次を追ってそのことを跡づけてみる。

耶蘇信者とする説

第一、刺客柳田直蔵が懐中していた斬奸状には、「今般夷賊に同心し、天主教を海内に蔓延せしめんとす。邪教蔓延いたし候せつは、皇国は外夷の有と相成り候こと顕然なり。云々」としるされていた。しかし小楠はキリスト教に関心をもっていたが、それを弘める考えをもっていなかったことは、『沼山対話』のなかのキリスト教に関する一節、「耶蘇もしも日本に入りこみ候へば、かならず仏との宗旨あらそひをおこし、たちまちに乱を生じ、生霊塗炭と相成り申すべし。この患顕然たることにて、何分にも耶蘇教を入れこみ候ては相成るまじく存ぜられ候」によっても立証することができる。したがって天主教云々は、為にするデマである。そうした斬奸状の内容は、むろん黒幕の指示によること、申すまでもない。

第二、暗殺の直後には、「まっすぐに行けばええのに平四郎、横井ゆくから首がころりと」とか、「よこい(横井)ばる奴こそ天はのがさんよ(参与)、さても見ぐるしい(四位)今日の死によう」などの落書があり、二―三日のちには「大日本憂世子」と署名して洛中諸所に貼られた文章があった。それにはまず小楠を奸人ときめつけ、刺客については、「これを寛仮することあたはず、やむをえず斬殺におよびしものなり。その壮烈果敢、桜田の挙にも比較すべし」とほめたたえ、「もしそれ斬奸の徒は、その情を嘉みしその罪を論ぜず、その実を推しその名を問はず、すみやかに放赦せられよ」と、無罪放免をもとめている。つまり反動派の公卿は、世間がキリスト教一件だけで小楠暗殺を納得しないことを知ると、小楠にたいするデマをとばして大奸であるときめつけ、いっぽう刺客の弁護につとめている。むろん、それらの落書も黒幕の手になるものである。

若江薫子の建白書

第三、一月二十一日若江薫子という女性が、ときの刑部官知事大原重徳（しげとみ）に減刑嘆願の建白書を提出した。かの女は大原重徳に私淑傾倒する攘夷派の女性であるという。小楠を奸謀の者、刺客を報国赤心の者としている。

大原、岩倉に減刑意見書を提出す

第四、四月二十八日、大原重徳は岩倉具視に減刑の意見書をだした。そのなかで小楠について、「かゝる奸人を御登庸ありしは、実にいはゆる千慮の一失と申しあぐべく候」とし、刺客については、「天意に御したがひあつて人情をさき立て、非常出格の寛典に処せられ候やう至祈至禱（しきしとう）」としている。五ヵ月近くたっても事態はいっこうに好転せぬ。あせりはじめた黒幕が、いよいよその正体をあらわしたというわけである。

以上の第二・第三・第四の論旨は、まったくおなじであることに注目してほしい。すなわち小楠は、大奸・奸謀の者・奸人である。

反動派公卿大原重徳

ここまで追跡してくると、反動派の公卿大原の名が大きく浮かび上ってくる。大久保利通は一月十日づけ小松玄蕃（帯刀）あての書簡に、「横井横死の事件もいまだ明白ならず候へども、おひおひと手がかりも出来申し候間、自然相わかり申すべく候。段々連及もこれあるもやうにて、いはゆる攘夷社中と相見え申し候。……刑法官など、いふべからざるの次第これあり候。この機会をもつて朝廷を動じ立て候種類もまたすくなからず、実に危殆（きたい）のありさまに御座候」と。当時の刑法官知事は大原重徳である。大久保利通も大原をマークしていたことがわかる。

大原の履歴

ところで大原重徳（一八〇一～七九）とはいかなる人物か。安政五年（一八五八）幕府が日米通商条約の勅許を奏請したさい、関白九条尚忠が勅許の御沙汰をさずけようとしたのにたいして、岩倉具視とともにこれを阻止した。翌年、安政の大獄に連座して五十日の謹慎に処せられた。文久二年（一八六二）勅使として、島津久光のひきいる薩摩藩兵にまもられて江戸にくだり、帰郷後は新設された国事御用掛に補されたが、勅書を改竄した罪を問われて、翌三年辞官・落飾・蟄居を命ぜられた。慶応元年（一八六五）兵庫開港問題がおこると、これに反対して幕府を窮地におとしいれ、翌二年には朝政の改革を奏請するなど、つねに尊攘激派の急先鋒として活躍した。王政復古ののちは参与となり、ついで刑法官知事・議定・上局議長・集議院長官を歴任、功によって永世禄千石を下賜され、明治三年辞官、麝香間祗候となった。ところで小楠が暗殺された明治二年、大原はかぞえ年六十九歳で、小楠より八つ年上である。岩倉具視とともに朝廷がわにおける尊王運動の功労者で、公卿系反動派の実力者として官位こそすすんだが、すでに政治の実権は西南雄藩の手にうつり、岩倉の相談相手は、もはや頑迷固陋の大原ではなく、すぐれた政治思想家小楠であった。かくて大原は、かねて手なずけてあるボスに指令して、小楠暗殺を計画した。そのとき彼は、事件はうやむやに葬り去ることができる、と考えたに相違ない。

四　反動の拠点

刑法官・弾正台

刺客の処刑は、反動派の策動によって容易におこなわれなかったが、それをいっそう困難なものにしたのは、肝心の刑法官と弾正台の反動化であった。二年九月五日弾正台から、小楠はキリスト教信奉者で、国賊ともいうべき人物であるから、犯人の罪は一等を減ずべきであるという建議書がだされた。これにたいして刑部大輔佐々木高行は、横井は開国論者ではあったがキリスト教に関係した事実はない、たとえキリスト教徒であるにもせよ、国法をまげることはできない、と主張して圧力に屈しなかった。佐々木はその日の日記に、「要路の人を暗殺せる者を助命とはなにごとぞ。しかれども、横井が邪教を信じたりとの疑念より、国賊を除かんとの精神にて助命をとなゆる者、弾正台には多し。この過激の徒にせまられてこの願書は出されたるべし」と、弾正台内部の反動的空気をつたえている。なお余談になるが、弾正台から建議書のだされた前日の九月四日、国民皆兵をとなえて兵制改革を策した大村益次郎が、京都三条木屋町の旅館で刺客のために傷をうけ、十一月五日ついに不帰の客となったが、十二月二十日その兇徒が死刑されようとしたときも、弾正台の高官海江田(かえだ)信義が異議をとなえて、それを中止させている。

大村益次郎の遭難

とにかく小楠暗殺事件関係者の処刑がおくれたのは、司法担当の刑法官(明治二年七月刑部省と改称)と弾正台が反動派の巣窟となっていたためである。

大原より岩倉への手紙

十月一日、大原重徳は岩倉具視あての書簡に、「いよいよ横井に無罪なれば、切害候ものは真に罪人に候。もしまた横井ににくむべきこともあらはれ候ときは、かのものどもは無罪のものに候」という奇妙な論理を展開している。

弾正台に小楠罪状書の提出を求む

これよりさき刑部省は、小楠にたいする疑惑の真相を明らかにすることが必要であるとして、弾正台に小楠を奸人だとする証拠の提出をもとめた。そこで弾正台は百日間の猶予を乞い、罪跡をさぐるため大巡察古賀十郎を、小楠の郷里熊本に派遣した。古賀は筑後(福岡県)柳川の藩士で同地の攘夷論の頭領、したがって熊本敬神党の巨魁太田黒伴雄・加屋霽堅(はるかた)などとは親しい仲であり、佐久間象山を暗殺した河上彦斎(高田源兵衛)とはかって同獄であった。そんなわけで古賀がもっとも協力を期待したのは熊本の反動派、とくに敬神党の人たちであった。ちなみに小楠暗殺の報が熊本にとどいたとき、歓声をあげたのもこの面々である。

古賀大巡察熊本に向う

五　共和主義者とする説

古賀は九月二十四日ごろ熊本についたようで、二十四日夜尊攘派の頭領上田久兵衛をたずねて、明け方まで飲みあかした。上田は日記のなかに古賀のことを、「巡察憤激急、攘夷家なり」と評している。そのご古賀は約二週間熊本に滞在し、敬神党の人たちと会合して、小楠奸人説を裏づける材料をさがした。むろんそん

奸人説裏づけに苦慮

なもののあろう筈はない。そこで『天道覚明論』という偽書をでっちあげたもののようである。当の古賀はじめ、熊本における協力者たちの心事陋劣といったら過言であろうか。

諸準備がととのったところで、十月六日古賀は熊本をたち、翌七日阿蘇神社に参詣した。すると大宮司阿蘇惟治が、その前夜拝殿になげ込まれていたという『天道覚明論』を手わたした。この書を入手した古賀は、十一日いったん熊本にでて、意気揚々と帰京の途についた。

偽書『天道覚明論』

『天道覚明論』の本文は約六五〇字、奥書に「丁卯三月南窓下偶著小楠」と記されている。丁卯は慶応三年（一八六七）である。そのなかに「そもそもわが日本のごとき頑鈍固陋、世々帝王血脈相つたへ、賢愚の差別なくその位を犯し、その国を私して忌憚なきごとし。ああこれ私心浅見のはなはだしき、慨嘆にたゆべけんや」としるされている。この偽作された文章をもって古賀らは、小楠に天壌無窮・万世一系を否定する国賊という烙印を、無理矢理に押そうとしたのである。『天道覚明論』は、一読すればすぐそれが偽書とわかる稚拙（ちせつ）にして愚劣きわまるもの。格調たかい小楠の著述に比すべくもない。熊本における敬神党・尊攘党に、人間的誠実さとすぐれた学殖をもつ者がいなかったことを物語るものであろう。

熊本における協力者

古賀は熊本において、とにかく小楠を不敬漢とするデマをつくりあげた。これに協力した熊本人は敬神党の人たち、すなわち上田久兵衛・小橋恒蔵・阿蘇惟治・阿蘇惟敦・佐伯関之助・河上彦斎（高田源兵衛、在鶴崎）・照幡列之助（轟武兵衛、在京都）であった。ちなみに、熊本反動派の小楠非難は京都でも有名で、事件直後など、小楠を暗殺したのは肥後人であろうという噂さえながれていた。

小巡察、探索に向う

弾正台は古賀と前後して小巡察小野某を備前（岡山県）におくった。かつて小楠をつけねらった藤本鉄石の未亡人の家に、小楠の罪状書があるというので、それを入手するためであった。しかし実際には何もなかったが、たまたま帰途京都で巣内信善にあったところ、「横井平四郎罪悪証跡」という小楠の罪状書をもっていたという。巣内は伊予(愛媛県)大洲の人で、勤王浪士と交遊があり、かれもまた小楠を暗殺しようとした一人である。その罪状書のなかには、小楠の著と称する五つの書名——おおくは皇室などに対する不敬——が記してあった。しかしそれらの書は当時民部省の正木昇之助が、京坂の書肆(しょし)について八方手をつくしてさがしたが見つからなかったし、小野・巣内の両人も大坂の書肆でさがしたが、実物はついにその姿をあらわしていない。弾正台は、さいごの方法として豊後(大分県)岡藩士矢野某を鶴崎の毛利某の家にやった。矢野が、かつて大坂の肥後藩邸で毛利にあったとき、右五書のうち二つを父がもっていると聞いたためであるが、これまた徒労におわった。

弾正台は大巡察古賀を熊本に、小巡察小野を関西方面に出張させ、古賀は敬神党その他の協力をえて『天道覚明論』を偽作し、小野は京都で巣内の協力をえて

「罪悪証跡」を創作

「横井平四郎罪悪証跡」を創作して帰ってきた。この二書によって、小楠を不敬漢に仕立てあげようというのである。

六　犯人の処刑きまる

刺客に死刑宣告

十二月二日、小楠を不敬漢とする報告書が、弾正台から参議副島種臣に提出された。副島は弾正台の意見に同調するかにみえたが、刑部大輔佐々木高行は、「刑法官にて典刑をまげることは相成らず。耶蘇教相となへたるや否やは知らざれども、朝廷の大臣を殺害したるうへは致しかたなし。法律により梟首すべし」と激論、刺客に死刑を宣告した。そのごも死刑反対の運動はつづいたが、佐々木は断固としてこれを拒否した。しかし反動勢力の圧力はつよく、死刑の宣告はしたものの、なかなか執行にふみきれない。そのうち巣内信善・丸山作楽ら反動派の嘆願書がでた。そのなかに、「横井徴庸中、在廷の人その姦をわきまへず、蘇洵の眼力にとぼしかりしは、朝家の御ため不幸このうへもなき濫挙(らんきょ)の責、おそらくは帰するところあらん」と、小楠は相かわらず奸人あつかいである。これにたいして十二月十九日づけ弾正大忠照幡列之助(轟武兵衛)は、「横井斬奸の三名(鹿島・上田・土屋)、朝廷思召しあらせられ候につき、死罪の儀御延引仰せいだされ候むね御達しこれあり候こと」という死刑延期の通達をだした。照幡もまた小楠を奸人あつかいする肥後藩出身の勤王家である。

朝旨により死刑延期

弾正台は、ただ一つの小楠罪証物件である『天道覚明論』を正当づけるために、阿蘇惟治にいまいっそうの協力を要請することになった。弾正台の達(たっし)によって神祇官は十一月十五日、『天道覚明論』の来歴を熟知する者を至急上京させるようにと命じたが、なぜか惟治はこれに応ぜず、さらに十二月十五日づけ至急上京すべしという厳達にも、なお応ぜず、ようやく三年二月になって病気と称してその子惟敦に書面をもたせて上京させた。おそらくこれ以上事件に巻きこまれること

阿蘇大宮司召喚

を忌避したのであろう。二月十三日づけ惟治が神祇官に提出した書面には、「覚明論いよいよもつて横井平四郎著述に御座候やいなやのところ、取りしらべかた余力をのこし申さず候へども、証左に相成るほどの儀承知申さず、はなはだ恐入りたてまつり候儀にて御座候へども、このうへ探索の道も御座なく」と回答している。おそまきではあるが、当時においてこれだけの発言をすることは、たいへんな勇気のいることであったろう。かくて弾正台が全力をそそいだ『天道覚明論』の件は、ついに徒労に帰した。しかし弾正台の反動派はなかなか断念しない。是が非でも『天道覚明論』によって小楠を窮地においこむ以外に方法はない。そこで三月二日京都出張弾正台は、阿蘇惟敦の従者佐伯関之助が惟治の意見としてつたえたことを東京弾正台に報告した。そのなかに、「自分(惟治)従来平四郎と旧知のところ、平四郎中年にいたつて、その持論百王一系・天壌無窮など申す趣意は大神宮の私言にいづるなど、そのまま差しおきがたき異説主張候につき、論判い

『覚明論』工作ついに徒労に帰す

たし候へどもきき入れ申さず、絶交いたし候儀は相違これなく候」と、小楠が惟治との対話で、万世一系・天壌無窮を否定する不敬をあえてしたという新事実を報告し、さらに「大宮司の言ふところ至極公正、一点の私飾これなきやう存じ候」と証言の信憑性を力説する意見をそえた。しかしこれも傍証としてならとにかく、小楠を不敬漢とするきめ手にはならず、ついに政府首脳部の決意をひるがえすことはできなかった。

明治三年十月十日、廟議は一決して断固犯人の刑を執行した。すなわち上田・土屋・前岡・鹿島の四名は即日梟首刑、上平・大木・谷口の三名は終身流罪、中・金本は禁錮三年、塩川は同百日、その他の関係者約二十名もそれぞれ罰せられた。さきに牢死した柳田の屍骸は塩づけにして取ってあったが、刑の執行と同時に捨てられた。小楠遭難後一年十ヵ月、この事件はようやくその局をむすんだ。

七　小楠の墓

小楠の遺骸は門人たちの手で清められ、明治二年一月七日すなわち遭難の翌々日、洛東南禅寺山内天授庵に埋葬された。碑

横井小楠の墓（京都市南禅寺天授庵）

熊本沼山津の遺髪碑

面は、はじめ「肥後故臣参与横井平四郎墓」とされ、高さ一尺にすぎぬ小さなものであったが、明治七年二月、門弟の手によって建てかえられ、墓碑銘も「沼山横井先生墓」と改められた。なお、郷里熊本沼山津の小楠の旧居にほど近い丘のうえに、その遺髪を葬った髪塚（遺髪碑）があり、「小楠先生横井君之墓」と記されている。

あとがき

圭室静枝

木々の緑がしたたるような去年の五月十五日でした。生涯を、日本思想史とくに宗教史の研究ひとすじに生きた夫は、かねて「生死（しょうじ）」の悟りをひらいていましたようで、安らかに、静かに永の眠りにつきました。数えどし六十五歳でした。

昭和三年東京大学を卒業、東大史料編纂所に入所しましたが、昭和一〇年には研究の無理がたたって、胸部疾患にたおれ、湘南鵠沼に転地療養しました。しかし、幸いにも三年後にはすっかり健康を回復して、その後はずっと東京で学究生活をつづけました。

昭和二十年春、第二次大戦に応召、終戦十日目に復員して、そのまま郷里熊本にとどまりましたが、その理由は、「手つかずのまま放置されている郷土の膨大な史料を、湮滅から守るのは、歴史家としての自分の責務であると考えたから」、更には未発掘の膨大な史料のあることに気づいたからでした。そのご意欲的に史料の蒐集・発掘にあたり、『熊本県史料集成』(全十四巻)をはじめ、おおくの史料を公刊しました。また『熊本県の歴史』(日本談義社)・『西南戦争』(至文堂)・『西郷隆盛』(岩波書店)なども、その間の仕事です。

このようにして終戦後十五年間、郷土史の研究に没頭しましたが、研究がすすむにつれて、藩の政治姿勢の大きなゆがみに、激しい憤りをおぼえたようです。そしてそれとともに、黎明期日本の進路について最高にすぐれた政治理念をもっていた横井小楠が、その卓絶した思想のゆえに、頑迷な藩当路からつねに弾圧され、排斥され、ついには糧道を断たれてもなお、新日本建設という理想の実現に邁進した強靭な生きかたに、かぎりない魅力を感じたようです。そこで保守沈滞うごきの取れなくなった幕末の

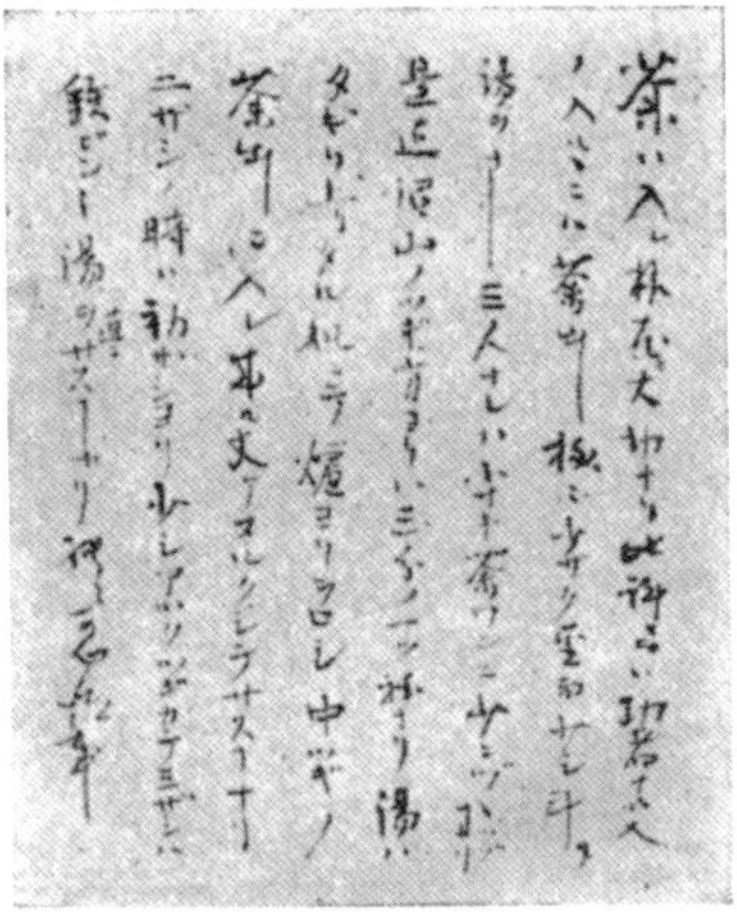

著者遺愛の小楠筆茶がけ

茶ハ入レ様尤モ大切ナリ。此許ニ而ハ功者ナル人
ノ入ル、ニハ茶出シ極々少サク至而少シ斗リ
湯ヲさし、三人ナレバ小サキ茶ワンニ少々ヅ、ツグ事ナリ。
是迄沼山ノツギ方ヨリハ三分ノ一ツ程ナリ。湯ハ
タギリ上リタル処ニテ、爐ヨリヲロシ、中ツギノ
茶出しニ入レ、成ル丈ケヌルクシテサス事ナリ。
二ザシノ時ハ初ザシヨリ少シアツクツギカテ、三ザシハ
鉄ビン之湯ヲ直ニサス事ナリ。能々可心得事。

藩政をバックに、実学に集約された珠玉のような小楠の思想を、大きく浮きぼりにしようと試みました。そして『肥後藩の政治』『肥後藩の農民生活』『熊本の歴史』など一連の著書をだしましたが、「藩政を批判したというわけで、頑迷派の郷土史家から攻撃をうけ、脅迫もいく度か経験……辺地地帯で正論をはくことのむつかしさを、いやというほど感じた」ものでした。

おなじころ熊本城宇土やぐら（三の天守閣）の地下室に埋れていた、貴重な西南戦争関係の文書多数を発見し、その新史料によって、それまで不明とされていたいくつかの問題を解明して、『西南戦争』『西郷隆盛』の二著を公にしましたが、このときのさわぎは大きく、鹿児島唯一のローカル新聞は「圭室西郷を駁す」という地方名士たちの反論記事を、十数回にわたって掲載しました。辺地に封建性はまだ健在のようでした。いっぽう全国の読者のかたからは、七十通あまりの激励のお手紙をいただきました。

昭和三十五年春、明治大学に迎えられて再び上京しましたが、それは「畢世（ひっせい）の仕事とした日本宗教史の研究に余生をささげるため」でした。「戦前にはタブーとして一指もふれることを許されなかった神社神道の研究が自由になり、……日本宗教史は全面的に書きかえられねばならぬ」と意欲をもやし、『治病宗教の系譜』『日本思想史』などを執筆して、その体系づけにとりくんでいました。

しかしそうした間も小楠研究は念頭をはなれず、この書の構想もながいあいだ暖めていましたが、亡くなる半年まえに筆をとり、脱稿したところで入院ということになりました。卓絶した横井小楠の思想とともに、新しい日本の黎明、明治維新の舞台裏、といったものも、併せてよみとっていただければ、故人にとって幸せと存じます。なおこの書の出版に、浅学菲才こころ細い思いをしている私にとって、兼坂熊四郎・嘉悦氏房・内藤泰吉など小楠門下に近親者の多いことは救いでした。

この書を一周忌の霊前にそなえることができましたのは、ひとえに明治大学教授渡辺保さまはじめ、生前ご親交をいただいた多くのかたがたの、暖かいおはげましと御力ぞえによるものです。付記してここに厚く御礼を申しあげます。また史料をお貸しいただいた熊本博物館、三浦豊・上妻博之の両先生、乙益重隆さま、ならびに写真撮影にご協力くださった小楠顕彰会長弥富秀次郎さま、吉原多吉さま、岩本博人さまに深く感謝申しあげます。

横井家略系図

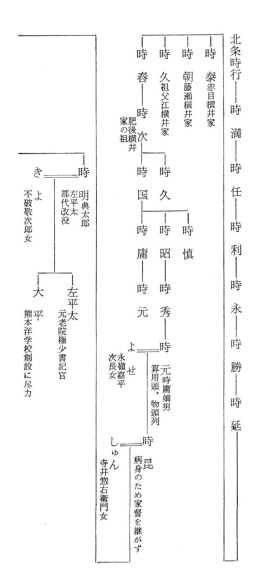

- 北条時行—時満—時任—時利—時永—時勝—時延
  - 時泰（赤目横井家）
  - 時朝（藤瀬横井家）
  - 時久（祖父江横井家）
  - 時春—時次（肥後横井家の祖）
    - 時久
    - 時国
      - 時慎
      - 時昭—時秀—時元（元時庸嫡男　算用頭、物頭列）＝よせ（永嶺嘉平次長女）
        - 時昆（病身のため家督を継がず）＝しゅん（寺井惣右衛門女）
          - 時明（典太郎　左平太　郡代改役）＝きよ（不破敬次郎女）
            - 左平太（元老院権少書記官）
            - 大平（熊本洋学校創設に尽力）
      - 時庸—時元

時直 大平 奉行副役、火廻並 盗賊改、百五十石 ＝ かず 永嶺仁右衛門長女

├ ひさ 小川吉十郎女 ＝ 時存 平四郎 子操 号小楠・沼山 ＝ つせ 矢島忠左衛門五女
└ 道明 仁十郎 叔父永嶺庄次の養子となる

時存の子
├ 峯 山本覚馬女 ＝ 時雄 又雄 同志社総長 第一次大戦の際講和に尽力 ＝ 豊 柳瀬義富六女
└ みや 海老名弾正に嫁す

峯・時雄の子
├ 悦子
└ 平馬 山本家の養子となる

豊・時雄の子
├ 直興 広島県警察部長 ＝ 清子 本多家
├ 辰雄 弁護士
└ 存 弁護士 柳瀬家の養子となる

直興・清子の子
├ 和子
└ 時靖（亡）

（註）1、右の系図は横井家所蔵のものによった。
2、時満以下時春にいたる人名は、『寛政重修諸家譜』には見えない。
3、時次は寛永九年細川忠利の肥後入国に、家臣として随伴している。
4、時存以下については、柳瀬存氏の御教示による。

（参考）直系の曽孫横井和子氏は神戸市東灘区魚崎町横屋六七に、孫の柳瀬存氏は愛媛県今治市大坪通三丁目六一七に住んでいられる。

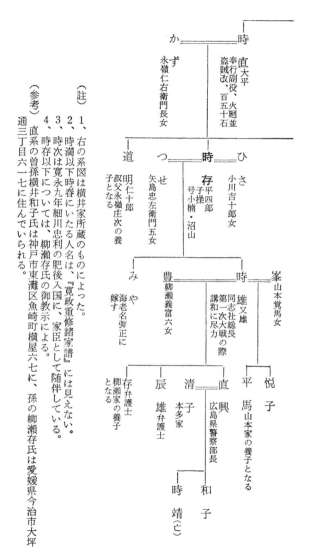

矢島忠左衛門 ＝ 鶴子（三村和兵衛長女）

- にほ　三村伝夫人
- もと　藤島又八夫人
- 源助　直方　夫人堀絲子
- 五次郎　夭折
- 順子　竹崎律次郎（茶堂）夫人
- 久子 ＝ 徳富一敬　淇水
  - 猪一郎　蘇峰
  - 健次郎　蘆花
- **つせ** ＝ 横井時存　小楠
  - 時雄
  - みや
- 楫子
- さだ　河瀬典次夫人

（註）小楠夫人つせの姉妹中、竹崎順子・矢島楫子などはとくに有名である。

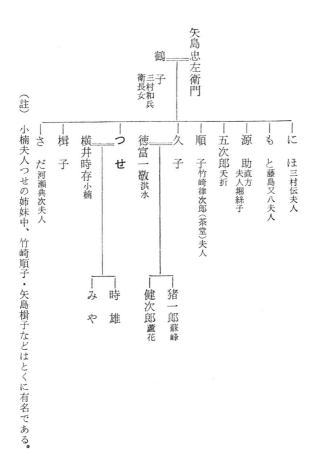

略年譜

年次	西暦	年齢	事蹟	肥後及び越前関係事項	一般参考事項
文化六	一八〇九	一	熊本城下内坪井町に生まる		前年、フェートン号事件あり○六月、間宮林蔵黒竜江地方を探険して帰国す
七	一八一〇	二			二月、白河・会津両藩に命じ、相模・安房海岸に砲台を築く○五月、イギリス船、常陸に来航す
八	一八一一	三			六月、ロシア軍艦、国後に来航、艦長ゴローニンを捕う○一二月、倹約令でる。
九	一八一二	四			八月、高田屋嘉兵衛、ロシア船に捕えられる
一〇	一八一三	五			六月、英艦長崎に入港、出島のオランダ商館を乗取ろうとし、ヅーフ拒絶す○七月、蒲生君平死す
一一	一八一四	六			この夏、諸国大旱魃
一二	一八一五	七			七月、畿内・東海道洪水○この年、杉田玄白『蘭学事始』を著す○(ワーテルローの戦)

文化一三	一八一六	八		二月、諸国の戸口を調査○四月〜八月江戸に疫病流行
一四	一八一七	九		二月、中井履軒死す○四月、杉田玄白死す○九月、イギリス船浦賀に来航
文政元	一八一八	一〇	この頃、藩学時習館に入学	五月、イギリス船浦賀に来航、貿易を求む
二	一八一九	一一		七月、物価下落令でる○この年、塙保己一の『群書類従』完成
四	一八二一	一三	始めて経国の志を興し、下津久馬と他日国事の振興に当ることを約束す	伊能忠敬の『大日本沿海輿地全図』完成○(ナポレオン一世死す)
五	一八二二	一四	熊本水道町に転居	三月、上杉鷹山死す○一二月、丹後宮津に百姓一揆おこる
六	一八二三	一五	一一月、句読・習書・詩作に出精上達の故をもって二〇〇疋をもらう	七月、シーボルト出島にきたる
七	一八二四	一六		五月、イギリス船常陸に上陸、水戸藩これを捕える○七月、イギリス船薩摩宝島に上陸
八	一八二五	一七		二月、異国船打払令でる○この年、会沢安『新論』を著す

一〇	一八二七	一九			五月、頼山陽『日本外史』を松平定信に呈す○この年、薩摩藩調所広郷の財政改革始まる
一一	一八二八	二〇			一〇月、シーボルト事件（高橋景保シーボルトに日本地図を贈る）
一二	一八二九	二一			三月、江戸大火○五月、松平定信死す○九月、シーボルト追放
天保元	一八三〇	二二			一月、水戸斉昭藩政改革に着手○この年、お蔭参り流行
二	一八三一	二三	七月、父時直死去○一一月、兄左平太家督をつぐ		三月、大坂安治川口に天保山を築く○この年、異国船松前を侵す
三	一八三二	二四			七月、イギリス船沖縄に漂着○九月、頼山陽死す○天保の飢饉はじまる
四	一八三三	二五	六月、藩学時習館居寮生となる	一〇月天草に打ちこわし	この年、米価騰貴、○九月、江戸に打ちこわし起る
五	一八三四	二六			二月、江戸大火○六月江戸・大阪に打ちこわし
六	一八三五	二七			五月、美濃百姓一揆○九月、天保通宝鋳造○一二月、仙台騒動裁断
七	一八三六	二八	四月、講堂世話役○一一月、居寮世話役となる	肥後高瀬に打ちこわし	五月、水戸斉昭、助川に砲台を築く○この年、甲斐・三河・盛岡に飢民蜂起す

天保八	一八三七	二九	三月、抜擢されて居寮長となる（心付として毎年米十俵）	二月、大塩平八郎の乱○六月、アメリカ船モリソン号浦賀に来航、浦賀奉行砲撃す
九	一八三八	三〇	この年、『寓館雑志』なる	八月、徳川斉昭、外交意見書を提出す○渡辺崋山『慎機論』を、高野長英『戊戌夢物語』を著して、外夷に備えるべきを論ず○佐渡の一揆
一〇	一八三九	三一	三月、江戸遊学を命ぜられて出発○四月、江戸着、林大学頭の門に入る○松崎慊堂・藤田東湖など偉材と交わる	五月、渡辺崋山・高野長英捕わる
一一	一八四〇	三二	二月、水戸および東北遊歴の予定であったが、酒失の故をもって帰国を命ぜられ、一二月、逼塞に処せられる	二月、全国戸口調査○この年長州藩村田清風の改革はじまる○（アヘン戦争起る）
一二	一八四一	三三	長岡監物・下津久也・荻昌国・元田永孚らと研究会をつくる。のちの実学党の濫觴	三月、水戸斉昭大砲を鋳造す○五月、水野忠邦幕政改革に着手○八月、水戸弘道館開設○一〇月、渡辺崋山自刃す

	一三	一八四二	三四			六月、高島秋帆に砲術教授を許す
	一四	一八四三	三五	「肥後藩時務策」を草す○はじめて私塾をひらく		九月、平田篤胤死す○一二月、『徳川実紀』完成
弘化	元	一八四四	三六			三月、フランス船琉球に来航○五月、水戸斉昭隠居謹慎を命ぜらる○八月、オランダ国王、開国を勧告す
	二	一八四五	三七			三月、高野長英脱獄○アメリカ船浦賀入港○五月、イギリス船琉球に来航、貿易を強要す○六月、オランダの開国勧告を拒絶
	三	一八四六	三八	兄に従って相撲丁に移る		二月、江川太郎左衛門に伊豆七島巡視を命ず○四月、英・仏艦琉球来航○閏五月、アメリカの二艦浦賀に入港、国交開始を迫る、幕府これを退く○六月、フランス艦三隻長崎に来航○八月、イギリス艦来航。海防強化の勅下る○(アメリカ・メキシコ戦争)
	四	一八四七	三九	三月、家塾を新築、二十余人の門生寄宿す○実学党への迫害ますます加わる	○天草に百姓一揆起る	二月、関東沿岸の防備強化○七月、佐賀藩の蘭医、種痘に成功○九月、南部藩の一揆
嘉永	元	一八四八	四〇			三月、外船対馬に出没す○五月、アメリカ船松

				前に漂着 ○佐久間象山大砲を鋳造す ○(フランス二月革命)
嘉永 二	一八四九	四一	九月、越前藩三寺三作、諸国遊歴の途次小楠を訪う。これより小楠の名声越前にきこえる	三月、米艦長崎に来航○四月、英艦浦賀に来航○一二月、海防強化令でる
三	一八五〇	四二		四月、七社七寺に勅して国防を祈らしむ○一〇月、高野長英自殺す○佐賀藩反射爐を築造
四	一八五一	四三	二月、上国遊歴の旅にでる。北九州・山陽道・南海道・畿内・東海道の二十余藩を巡歴、八月帰国	八月、島津斉彬鹿児島製煉所を設立
五	一八五二	四四	学校を創設しようとする越前藩の諮問に答えて「学校問答書」を草す	一月、イギリス船琉球に来航○二月、水戸藩『大日本史』を刊行○閏二月、外船対馬に出没す○六月、ロシア船下田に入港
六	一八五三	四五	一月、「文武一途の説」を草す○一〇月、吉田松陰来訪○同月、ロシア使節の応接について「夷虜応接大意」	六月、米艦四隻を率いてペリー浦賀に来航○七月、幕府は諸大名・諸有司に開国の可否を諮問○同月、ロシア使節プーチャチン軍艦四隻を率いて長崎に来航○九月、幕府は軍艦・大小砲・

			を草し、幕吏川路に贈る。	兵書をオランダに注文す〇（クリミヤ戦争起る）
安政 元	一八五四	四六	小川ひさと結婚 七月、兄時明病死〇九月、家督を相続す〇これまで攘夷論を称えた小楠の意見やや変化する	一月、米艦六隻を率いてペリー再来〇三月、日米和親条約（神奈川条約）締結〇三月、吉田松陰アメリカ渡航に失敗して捕わる〇四月、松陰の件により佐久間象山下獄〇八月、日英和親条約成り、下田・箱館・長崎を開港〇一二月、日露和親条約、毀鐘鋳砲の太政官符出る
二	一八五五	四七	長岡監物と絶交〇五月、近郊沼山津に転居。この頃から開国論を主張しはじめる〇「陸兵問答書」を草す	七月、海軍伝習所開設〇一〇月、江戸大地震、藤田東湖死す〇フランス及びオランダと和親条約締結
三	一八五六	四八	矢島つせと結婚	七月、アメリカ総領事ハリス下田に着任〇一〇月、二宮尊徳死す〇吉田松陰松下村塾を開く
四	一八五七	四九	五月、越前藩士村田氏寿、春嶽の命をうけて来熊、小楠招聘の意を伝える。小楠諾す〇一一月、男児誕生、又雄と名づく（のち時雄） 春嶽よりの再三の小楠懇請を肥後藩庁ことわる〇一二月	五月、下田条約締結〇七月、長崎に製鉄所開設〇この年、海軍伝習所を江戸に移し、海軍教授所と改める〇八月、ロシア艦長崎に再来〇一〇月、ハリス幕府に通商の急務を説く〇踏絵廃止〇（最初の世界恐慌）

					春嶽かさねて懇請	
安政	五	一八五八	五〇	三月、熊本を発ち、四月七日福井着。春嶽は賓師の礼をもって迎える（五十人扶持）○八月、弟永嶺仁十郎死す○一二月、帰熊の途につく	肥後藩は、越藩の懇請もだしがたく小楠招聘を応諾○七月、春嶽は水戸斉昭・徳川慶恕らと共に隠居謹慎を命ぜられ、茂昭襲封	四月、井伊直弼大老に就任○六月、アメリカと修好通商条約調印○七月、ロシア・オランダ・イギリスと条約調印○九月、フランスと条約調印○安政の大獄
	六	一八五九	五一	一月三日、帰熊○四月、再び越藩の招聘に応じて福井に赴く○一二月、母の重病により帰熊。一一月末すでに母は死去	八月、長岡監物死す○一〇月、橋本左内死刑	二月、攘夷反幕の公卿を処分○五月、イギリス公使オールコック着任○七月、安島帯刀死刑○九月、梅田雲浜獄死○一〇月、頼三樹三郎・吉田松陰ら死刑○シーボルト再来○ヘボン（米）来朝

万延元	一八六〇	三二	三月、三度越藩の招聘に応じて福井に赴く○「国是三論」を草す○七月、おこり病にかかる○行き違い事件の融解につとむ	一〇月、福井と江戸表の間に行違い事件発生	一月、新見正興ら、条約批准のため渡米○勝海舟ら咸臨丸で太平洋横断○三月、桜田門外の変○六月、ポルトガルと仮条約締結○八月、水戸斉昭死す○一二月、浪士、アメリカ公使館通弁官ヒュースケンを殺す
文久元	一八六一	三三	四月、春嶽の招きにより江戸につき、春嶽・茂昭の諮詢に応える○八月、江戸を発って福井着○一〇月、帰熊、越前の門生数名これに従う○一一月、榜示犯禁のことあり	八月、越藩は小楠続聘を肥後藩に申し入る	二月、ロシア艦対馬を占領○五月、東禅寺事件(水戸浪士イギリス公使らを襲う)○長州藩主毛利慶親、公武合体を献議○一〇月、和宮降嫁事件○一二月、遣欧使節竹内保徳ら出発 ○(アメリカ南北戦争起る)
二	一八六二	三四	一月、親友荻昌国自殺す○五月、藩より越前行きを命ぜられる○六月、由利公正、小楠を迎えに来熊。門生・従僕を従えて福井に向う。途中春嶽の急使に迎えられて東行○七月、着府。春嶽	九州の勤王運動漸次はげしくなる○七月、春嶽政事総裁職となる	一月、坂下門の変○四月、寺田屋騒動○七月、徳川慶喜、将軍後見職となる○八月、生麦事件○閏八月、参勤交代制緩和○九月、朝議は攘夷に決定○一一月、勅使三条実美東下○一二月、イギリス公使館焼打ち

			に政事総裁職就任を進言す○幕府に「国是七条」を建言す。よって参勤交代緩まる○九月、郷里で女みや子生まる○一二月一九日、いわゆる士道忘却事件おこる		
文久 三	一八六三	五五	外交問題に関して幕府に建言○四月、越藩のために「処時変議」・「朋党の病を建言す」を草す○挙藩上京のこと俄に一変するに及んで、八月、福井を辞し熊本に帰る○一二月、士道忘却事件の判決あり、知行召上げ・士席剝奪。この後明治元年まで沼山津に蟄居す	小楠の建言により越藩大挙上洛計画をすすむ。藩論俄に一変、右計画を主張するもの処罰さる	一月、慶喜入京○二月、イギリス艦神奈川に来航、生麦事件の解決を迫る○三月、将軍家茂入京○四月、石清水八幡に行幸、攘夷を祈る○五月、長州藩、下関通行のイギリス船・オランダ軍艦を砲撃○六月、米・仏軍艦下関を砲撃す○七月、薩英戦争(イギリス艦七隻鹿児島を砲撃)○八月、攘夷親征布告○天誅組の変○八月一八日の政変(七卿落ち)○一〇月、平野国臣生野に兵を挙ぐ○一二月、遣英使節池田長発ら出発○(アメリカ奴隷解放宣言)
元治 元	一八六四	五六	「海軍問答書」を草す○四月、勝海舟の使者として坂本竜馬来訪○この秋、井上		三月、慶喜、禁裏総督となる○藤田小四郎ら筑波山に挙兵○六月、池田屋騒動○七月、佐久間象山京都で暗殺さる○蛤御門の変○八月、イギ

			毅、小楠を訪いその卓見を録す(『沼山対話』)		リス・アメリカ・フランス・オランダ四国連合艦隊、下関を砲撃○第一次長州征伐○一一月、長州藩謝罪
慶応 元	一八六五	五七	五月、坂本竜馬再来○この秋、元田永孚、小楠を訪い高見を筆録す(『沼山閑話』)		一月、高杉晋作挙兵○四月、第二次長州征伐○五月、将軍入京・参内○九月、イギリス・アメリカ・フランス・オランダ四国公使軍艦を率いて大坂湾に入港、条約勅許・兵庫開港を迫る○(アメリカ、リンカーン暗殺される)
二	一八六六	五八	春嶽の請に答えて時局についての意見をのべる○この秋、越藩の使者に藩の進むべき方向についての意見書を呈す		一月、坂本竜馬、薩長連合を周旋○二月、自由貿易を許す○五月、米価騰貴し、全国に打ちこわし・一揆おこる○六月、長州再征に薩藩出兵拒否○征長軍連戦不利○七月、将軍家茂死す○八月、征長停止○一二月、慶喜将軍となる○孝明天皇崩ず
三	一八六七	五九	九月、越藩に「国是十二条」を贈る○一一月、新政について春嶽に建言す○一二月、朝廷より召命きたる	肥後藩、朝廷よりの小楠召命を断る	一月、明治天皇践祚○二月、慶喜大坂城で四国(英・米・仏・蘭)公使を引見○四月、高杉晋作死す○五月、兵庫開港勅許○九月、薩・長・芸三藩討幕の約なる○一〇月、山内容堂幕府に大政奉還を建言○討幕の密勅薩長に下る○徳川慶喜

					大政を奉還○一一月、坂本竜馬・中岡慎太郎暗殺さる○一二月、王政復古の大号令○摂関・将軍等を廃し、総裁・議定・参与をおく
明治元	一八六八	六〇	三月、朝廷より再度の召命あり○四月、上京、徴士参与を拝命。従四位下に叙せられる○五月下旬より病気のため欠勤○七月、重態に陥ったが、九月はじめ回復、中旬より出勤	朝廷よりの再度の召命に、肥後藩、小楠を士席に復し、上京を命ず	一月、鳥羽伏見の戦○王政復古を各国公使に布告。国内に開国和親を布告○二月、東征大総督有栖川宮親発○各国公使はじめて天皇に謁見○三月、五箇条御誓文発布○四月、江戸開城○閏四月、府・藩・県をおく○五月、太政官札発行、彰義隊の戦○七月、江戸を東京と改む○八月、即位○九月、明治と改元、一世一元の制を定む○会津藩降伏し、東北平定○一〇月、江戸城を皇居と定める
二	一八六九	六一	一月五日、退朝の途上刺客の凶刃に斃る○同六日、朝廷より葬儀料として三百両下賜○同七日、京都南禅寺天授庵に葬る○(昭和三年正三位追陞)		三月、天皇東京に帰着○五月、戊辰戦争終る○六月、版籍奉還○九月、大村益次郎刺され、一一月没○(スエズ運河開通)

横井小楠論著目録（主なもの）

『学　校　問　答』（嘉永五年三月）

藩校を創設しようとする越前藩の諮問に答えたもの。

『文　武　一　途　之　説』（嘉永六年一月）

越前藩の重だった人に見せるために書いたもので、村田氏寿に贈ったもののようである。

『夷　虜　応　接　大　意』（嘉永六年）

ロシア使節プーチャチンが長崎に来航し、幕府は応接のため筒井・川路を派遣した。小楠は旧知の川路に所見を述べるべく長崎に急行したが、未だ到着していなかったので、その概要を書き残したものである。

『陸　兵　問　答』（安政二年）

当時すでに西洋兵器は輸入されていたが、兵学は旧態依然たるものがあったので、西洋兵学を取入れるべきことを述べたもの。どこに提出したかは明らかでない。

『国　是　三　論』（万延元年）

三度目の越前招聘のときのもの。主義主張の帰一するところを知らぬ藩情をみて国是とすべき三論を議定し、中根雪江に記述させたもの。富国論・強兵論・士道の三篇からなる。

『処　時　変　議』（文久三年）

三月、京都にあった松平春嶽は、将軍の上洛をまたず、政治総裁職の辞表を提出して勝手に福井に帰ったため、藩内は騒然とした。人心の動揺を治めるために小楠が提示したもの。

『海　軍　問　答　書』（元治元年）

海軍の創設は、当時の日本において最も急務であるにもかかわらず、莫大な費用がかかることを理由に遷延していた。その創設を促進すべきことを述べたもの。当時長崎滞在中の勝海舟にあてて草したもののようである。

『時　　務　　策』（その内容から天保十四年の著とされている。）

肥後藩の弊風を列挙して、聖人の道の立場からその匡救を論じたものであるが、藩当路に提出したかどうかは明らかでない。

一、節倹の政を行ふべき事。二、貨殖の政を止むる事。三、町方制度を付る事。以上三論からなる。

（付）

『沼　山　対　話』（元治元年）

井上毅が、沼山津の自宅に小楠を訪ねたときの対話を筆録したもの。

『沼　山　閑　話』（慶応元年）

元田永孚の小楠訪問記である。沼山対話とともに、円熟した晩年の小楠の思想を知る好著。

建白類（主なもの）

（幕府へ）

「国是七条」（文久二年）

「攘夷三策」（文久二年一二月）

「外交問題に関して」（文久三年二月）

（越前藩へ）

「藩主に呈する書」（文久二年）

「朋党の病を建言す」（文久三年四月）

「国是十二条」（慶応三年）

「新政に付て春嶽に建言」（慶応三年一一月）

（肥後藩へ）

「銅鉄の事に就て言上の条々」（安政二年）

（朝廷へ）

「中興の立志七条」（年月不詳）

「時務私案」（明治元年）

一、議事の制に就きての案　二、処務案　三、服制案。

参考文献

熊本博物館蔵「横井小楠関係文書綴」（全二二巻）（主として書翰類）

横井時雄『小楠遺稿』　明治二二年一一月　秀英社

伊喜見謙吉『肥後藩国事史料』（全十巻）　昭和七年九月　稲本報徳社

山崎正董『横井小楠』（上・下）　昭和一三年五月　明治書院

徳富蘆花『竹崎順子』　大正一二年四月　福永書店

同志社大学人文科学研究所『熊本バンド研究』　昭和四〇年八月　みすず書房

圭室諦成『肥後藩の政治』　昭和三一年九月　日本談義社

〃『熊本の近代思想』（下）　昭和四一年三月　日本談義社

著者略歴

明治三十五年生れ
昭和三年東京帝国大学文学部国史学科卒業
東京帝国大学史料編纂所所員、駒沢大学教授、
熊本女子大学教授、明治大学教授等を歴任
昭和四十一年没

主要著書
道元　日本仏教論　日本仏教史概説　西南戦争
西郷隆盛　葬式仏教

人物叢書　新装版

横井小楠

一九六七年（昭和四十二）七月五日　第一版第一刷発行
一九八八年（昭和六十三）十二月一日　新装版第一刷発行
二〇〇〇年（平成十二）十月二十日　新装版第三刷発行

著者　圭室諦成（たまむろたいじょう）
編集者　日本歴史学会
代表者　児玉幸多
発行者　林英男
発行所　株式会社吉川弘文館
東京都文京区本郷七丁目二番八号
郵便番号一一三―〇〇三三
電話〇三―三八一三―九一五一〈代表〉
振替口座〇〇一〇〇―五―二四四
印刷＝平文社　製本＝ナショナル製本

『人物叢書』（新装版）刊行のことば

人物叢書は、個人が埋没された歴史書が盛行した時代に、「歴史を動かすものは人間である。個人の伝記が明らかにされないで、歴史の叙述は完全であり得ない」という信念のもとに、専門学者に執筆を依頼し、日本歴史学会が編集し、吉川弘文館が刊行した一大伝記集である。

幸いに読書界の支持を得て、百冊刊行の折には菊池寛賞を授けられる栄誉に浴した。

しかし発行以来すでに四半世紀を経過し、長期品切れ本が増加し、読書界の要望にそい得ない状態にもなったので、この際既刊本の体裁を一新して再編成し、定期的に配本できるような方策をとることにした。既刊本は一八四冊であるが、まだ未刊である重要人物の伝記についても鋭意刊行を進める方針であり、その体裁も新形式をとることとした。

こうして刊行当初の精神に思いを致し、人物叢書を蘇らせようとするのが、今回の企図である。大方のご支援を得ることができれば幸せである。

昭和六十年五月

日本歴史学会

代表者　坂本太郎

〈オンデマンド版〉
横井小楠

人物叢書　新装版

2020年（令和2）11月1日　発行

著　者　圭室諦成（たまむろ たいじょう）
編集者　日本歴史学会
代表者　藤田　覚
発行者　吉川道郎
発行所　株式会社　吉川弘文館
〒113-0033　東京都文京区本郷7丁目2番8号
TEL　03-3813-9151〈代表〉
URL　http://www.yoshikawa-k.co.jp/
印刷・製本　大日本印刷株式会社

圭室　諦成（1902～1966）

ISBN978-4-642-75140-7